A INTERLOCUÇÃO
NA SALA DE AULA

A INTERLOCUÇÃO
NA SALA DE AULA
Nelita Bortolotto

Martins Fontes
São Paulo   2001

Copyright © Livraria Martins Fontes Editora Ltda.,
São Paulo, 1998, para a presente edição.

1ª edição
julho de 1998
2ª tiragem
março de 2001

Preparação do original
Vadim Valentinovitch Nikitin
Revisão gráfica
Solange Martins
Celia Regina Camargo
Produção gráfica
Geraldo Alves
Paginação/Fotolitos
Studio 3 Desenvolvimento Editorial

Dados Internacionais de Catalogação na Publicação (CIP)
(Câmara Brasileira do Livro, SP, Brasil)

Bortolotto, Nelita
 A interlocução na sala de aula / Nelita Bortolotto. – São Paulo :
Martins Fontes, 1998. – (Texto e linguagem)

Bibliografia.
ISBN 85-336-0905-1

1. Alfabetização 2. Escrita 3. Interação professor-aluno 4. Linguagem 5. Português – Estudo e ensino 6. Textos I. Título. II. Série.

98-2749   CDD-410.7

Índices para catálogo sistemático:
1. Escrita textual : Ensino : Interação
professor-alunos : Lingüística   410.7
2. Texto escrito : Produção : Ensino : Interação
professor-alunos : Lingüística   410.7

Todos os direitos para a língua portuguesa reservados à
Livraria Martins Fontes Editora Ltda.
Rua Conselheiro Ramalho, 330/340
01325-000 São Paulo SP Brasil
Tel. (11) 239-3677 Fax (11) 3105-6867
e-mail: info@martinsfontes.com
http://www.martinsfontes.com

Índice

Apresentação **XI**
Introdução **1**

1. Duas histórias de ensinar e aprender **1**
2. Linguagem – marcos conceptuais **3**
3. Alfabetização – marcos conceptuais **8**
4. Metodologia **11**
   4.1 A pesquisa **11**
   4.2 A escolha das escolas **12**
   4.3 O grupo e eu **14**
      4.3.1 Na Escola A **14**
      4.3.2 Na Escola B **15**
   4.4 A observação e a coleta de dados **16**
   4.5 As transcrições **17**

Analisando o processo pedagógico **19**

1. Preliminares **19**
2. A instituição e o discurso pedagógico **20**
3. Professora A: seguindo o método **23**

3.1 O discurso do método **23**
3.2 Produção coletiva **26**
3.3 Produção individual **41**
4. Professora B: constituindo a subjetividade **78**
   4.1 Um pouco da sua história **78**
   4.2 Organização didática global **83**
   4.3 Análise **100**
      4.3.1 O discurso como referencial para a produção individual e coletiva **100**
         4.3.1.1 Apresentação do tema **100**
         4.3.1.2 Discussão envolvendo o tema selecionado **100**
         4.3.1.3 Orientações para a escrita individual **119**
      4.3.2 Produção escrita individual **123**
      4.3.3 Produção escrita coletiva **132**

Reflexões finais **151**

1. Cruzamentos **151**
2. Conclusão **156**

Bibliografia **161**

Agradeço a meus irmãos e ao Liomar; em especial, às crianças e aos professores alfabetizadores, co-autores desta produção; à Dr.ª Maria Marta Furlanetto (orientadora de mestrado), parceira nesse processo todo; à Dr.ª Raquel Salek Fiad pelo estímulo à publicação; à Geraldina, amiga e leitora; à Secretaria de Estado da Educação e do Desporto de Santa Catarina; aos professores do mestrado, à CAPES e àqueles que de algum modo contribuíram para a realização desta experiência.

Aos meus pais

Apresentação

Em uma coleção que se intitula "Texto e Linguagem", eis um novo trabalho que vem reafirmar seus objetivos e rumos. Inaugurada há uma década e meia, quando já se produzia, no contexto acadêmico brasileiro, uma série de estudos sobre escrita, leitura, texto, discurso, algumas vezes relacionando-os ao contexto escolar, a coleção se encontra hoje amadurecida, considerada um referencial para os estudantes e pesquisadores na área de estudos sobre a linguagem. No entanto, cada novo volume traz uma contribuição única e singular, cobrindo algum aspecto ainda inexplorado, aprofundando outros, enfatizando pontos ainda descobertos.

Estes quinze anos da coleção foram anos de uma produtiva reflexão sobre o ensino de português, fundamentada principalmente pelas contribuições que a lingüística trouxe, ao possibilitar a análise de práticas de ensino de língua então vigentes bem como a elaboração de propostas alternativas visando uma mudança das práticas analisadas. A década de 80 foi marcante pela intensa produção acadêmica sobre o ensino de português, pela proliferação de Propostas Curriculares para o ensino fundamental, pela quantidade de cursos destinados a professores de português.

O trabalho de Nelita Bortolotto é uma contribuição que tenho o prazer de anunciar ao leitor, sabendo que a leitura das páginas do texto da autora será muito mais esclarecedora e atraente do que qualquer apresentação. De qualquer modo, como leitora privilegiada que fui por ter podido lê-lo antes de chegar à forma de livro, sinto-me à vontade para dizer aqui qual a contribuição original e singular deste trabalho.

A interlocução na sala de aula é um trabalho sobre o ensino de português cuja perspectiva já é anunciada pelo título. No entanto, ao mostrar como se processa a prática pedagógica que introduz a criança no ensino da escrita, Nelita vai além do que o título pode sugerir. São "duas histórias de ensinar e aprender" apresentadas por alguém que adentrou em duas salas de aula e, com seu olhar de professora e pesquisadora, foi observando as aulas, as falas, as escritas, com uma delicadeza de quem quer, antes de tudo, entender como "se dá o processo da produção textual escrita".

Enumero aqui alguns aspectos do livro que permitem reconhecer um tratamento dado à produção escrita que difere de outros trabalhos na área.

1. A autora concebe a alfabetização como parte do processo de aquisição da linguagem escrita, enfatizando *o processo* presente nas duas práticas sensivelmente diferentes. A opção metodológica por uma pesquisa que a conduzisse à observação/participação possibilitou a obtenção de um *corpus* que foi sendo, depois, analisado em sua riqueza, sem reduções que o descontextualizassem. Os *recortes* apresentados – selecionados com cuidado pela autora – permitem ao leitor recuperar as interações presentes nas salas de aula. Em nenhum momento foi perdida a preocupação com o todo da produção escrita: as leituras, as falas dos professores e dos alunos, as propostas encaminhando as produções, enfim, tudo o que possibilitou a Nelita perceber e discutir as diferenças nos dois processos.

2. Mostrando as diferenças entre as duas práticas observadas, o texto provoca no leitor muitas reflexões sobre o discurso presente na sala de aula e o discurso sobre o que é feito na sala de aula. O texto de Nelita é exemplar, pois mantém um diálogo entre as interações presentes nas salas de aula, os textos escritos pelos alunos, as conversas entre as professoras e a pesquisadora

e as observações desta última. Nelita consegue manter a presença dessas vozes sem tentar transformá-las em uma única.

3. Analisar textos de alunos não é uma tarefa fácil se não se quiser repetir o que já foi dito ou se não se pretender olhar os textos como um corretor. O difícil é tomar essas escritas como possibilidades encontradas pelos seus autores, reconhecer as histórias de cada um, admitir que, mesmo apesar da rigidez manifestada em muitos textos, as marcas da subjetividade vão aparecendo no *processo* da aquisição da escrita. Nelita conseguiu observar que cada criança vai colocando, em seus textos, suas marcas, vai construindo seu estilo, vai realizando escolhas.

Acredito que a escrita de um texto é resultado de uma reflexão que seu autor vem fazendo e que essa reflexão vai permitindo ao autor ir definindo a sua escrita, ir construindo seu estilo. O texto de Nelita – que eu tive a possibilidade de ler antes de se tornar um livro – me permitiu ver o *trabalho* da autora, presente em todos os momentos do processo: nas reflexões de sua prática docente, na pesquisa realizada, na sua interlocução com outras pesquisas e, finalmente, na escrita feita e refeita.

Raquel Salek Fiad
janeiro 1998

Introdução

1. DUAS HISTÓRIAS DE ENSINAR E APRENDER

Este trabalho representa o resultado de um estudo que teve como objetivo principal investigar como se processa a prática pedagógica que introduz a criança no ensino sistematizado de escritas textuais. Conduzido em escolas da rede pública estadual de Santa Catarina, partiu da observação realizada em duas classes que desenvolviam práticas de alfabetização diferenciadas, tendo em comum, porém, a opção pelo texto como ponto de partida.

Entrar neste universo institucional complexo que é a sala de aula e nele inserir-se para investigar como se dá o processo de produção textual escrita se constituía para mim numa "escolha" ao mesmo tempo necessária e estimulante. Como professora, isto significava poder perder menos da multiplicidade e complexidade do que se produz nesse contexto; significava, ainda, entender melhor a natureza da linguagem.

Para isto, a investigação não objetivava apenas observar a constituição e a evolução deste processo, mas sobretudo compreender mecanismos externos e internos envolvidos nas interações sociais estabelecidas em sala de aula pela linguagem e a relação destas interações com o processo de construção do conhecimento relativo à produção de textos escritos (conhecimento institucionalizado). Daí ter privilegiado os aspectos discursivos constituídos *no* e constitutivos *da* história do processo desse tipo de produção, consideradas as condições de sua produção, e mais especificamente a relação entre interlocutores (professores e alunos) e o objeto do discurso (texto escrito).

Os "movimentos enunciativos" nesse contexto passavam a constituir o ponto fundamental a ser investigado: é neste meio que os interlocutores estabelecem "contratos" interacionais, firmando posições enunciativas a propósito da escrita.

O critério de distinção que adoto tem como referência as concepções de linguagem que subjazem a metodologias de alfabetização, por entender que estas concepções são determinantes, por um lado, das escolhas dos procedimentos didáticos e, por outro, dos distintos papéis que professor e aluno assumem numa comunidade discursiva.

Assim, apoiadas em pressupostos teórico-metodológicos diferenciados, as duas professoras acompanhadas divergem em sua prática na medida em que uma se mantém numa abordagem mais tradicional e a outra, apostando na ruptura, propõe-se a realizar um trabalho alternativo. Esta última procura construir, em nome de nova concepção de alfabetização, correspondente proposta metodológica.

Tendo como base de trabalho a questão ampla de como se conduz a produção textual escrita, outros questionamentos impunham-se:

– Como se constitui o processo de interlocução na dinâmica da sala de aula? Qual a sua natureza?

– Como os dois pólos do processo (professor/aluno) se inter-relacionam no espaço delimitado a cada um? E quais os papéis discursivos assumidos?

– Como funciona o princípio da autoridade? (legitimidade dos papéis)

– Que espaço é reservado ao aluno no discurso de ensino e aprendizagem, como sujeito enunciador?

– Em que medida as concepções de linguagem e de aprendizagem são determinantes das opções didático-metodológicas e dos papéis discursivos assumidos?

— De que modo se dá a relação sujeito/objeto de conhecimento?
— Como se operacionalizam as etapas do processo de produção do texto escrito?

Na situação pedagógica da sala de aula a linguagem assume ainda função fundamental no movimento da construção do conhecimento e do desenvolvimento cognitivo implicado nas relações entre oralidade e escrita, onde os enunciadores possíveis (professor – aluno; aluno – professor; aluno – aluno) se fazem presentes ou não, assumem papéis e representações marcados socialmente.

O processo que leva à produção textual pode então ser investigado como revelador de relações sociais, lingüísticas e cognitivas, numa *comunidade discursiva* específica, que segue um determinado ritual.

Neste sentido procuro inserir a pesquisa no escopo da tendência sócio-histórica que tem caracterizado vários estudos sobre interação no contexto escolar (Smolka, 1991). Desta vertente adota-se como referencial teórico estudos que tomam a linguagem como realidade discursiva e como fenômeno histórico-cultural. Para isso recorre-se a Bakhtin/Volochinov (1990), à perspectiva sociointeracionista da aquisição da linguagem (Vigotski 1979, 1991) e a teorias enunciativo-discursivas (Foucault 1971, Pêcheux 1988, 1990; Maingueneau 1989, 1992; Orlandi 1987, 1988; Geraldi 1991).

2. LINGUAGEM – MARCOS CONCEPTUAIS

Avaliei a linguagem, no contexto de minha pesquisa, em sua articulação com as práticas metodológicas no âmbito educacional. Neste sentido, o quadro que segue é uma síntese da reflexão sobre concepções que podem estar pressupostas nessas práticas, independentemente da consciência dos sujeitos que as realizam.

Até os fins do século XIX os filólogos concordavam, em geral, em definir a linguagem como expressão do pensamento, e portanto como expressão secundária, instrumento das idéias. As gramáticas filosóficas dos séculos XVII e XVIII são resultado dessa perspectiva: as operações mentais estariam de alguma forma retratadas nas categorias possíveis das línguas naturais. Essa orientação exerce ainda hoje influência inegável na metodologia do ensino da língua portuguesa, sob a forma de compêndios gramaticais.

Já na virada do século XX, uma corrente define o psiquismo individual como o princípio de organização da expressão. Essa tendência é denominada *subjetivismo idealista* por Bakhtin/Volochinov (1990). O fenômeno lingüístico é esclarecido como lugar de criação individual que se manifesta ininterruptamente sob a forma de atos individuais. Atribui-se à enunciação o lugar ideal da manifestação dos fenômenos lingüísticos.

Ferdinand de Saussure (1913) elege como função fundamental a *comunicação*. Ele promove um deslocamento teórico: *a língua*, e não as manifestações individuais, passa a ser o elemento unificador que permite que uma pessoa compreenda e se faça compreender. Ela é vista como uma instituição social formada a partir de um sistema de signos, disponível para os indivíduos de uma comunidade. Da teoria saussuriana desenvolveram-se as abordagens estruturalistas, que elegem a comunicação como função primordial da linguagem. Presos ao sistema, emissor e receptor são pólos que transmitem e recebem sinais com caráter informacional. A significação se institui pelas próprias oposições do sistema, formando uma estrutura.

A partir de 1957 Noam Chomsky lança as bases da teoria gerativa, fazendo reviver a concepção de linguagem corrente no século XVIII: a função de expressão do pensamento (função cognitiva). Outras teorias, entretanto, introduziram o sujeito e a situação comunicativa nos estudos da linguagem, recusando o idealismo do arcabouço formal e lógico desse modelo.

Entretanto, é Bakhtin/Volochinov (cf. 1990) que, tentando viabilizar uma filosofia marxista da linguagem, alerta para o caráter sociológico, colocando a *enunciação* como realidade de linguagem e como estrutura socioideológica. Transcende-se o conceito de ação e incorpora-se o de interação nas práticas sociais. Essa corrente, de caráter sócio-histórico, concebe a linguagem como uma construção social, resultado da interação humana que se atualiza na enunciação dialógica concreta e única. A própria consciência é resultado do processo interacional em que o sujeito está continuamente imerso; ela se explica pelo social, tendo por base mediações semióticas onde a linguagem ocupa presença obrigatória.

A significação lingüística é um efeito interlocutivo resultante das situações de intercâmbio social. Confere-se à linguagem um caráter essencialmente dialógico; o conceito de *diálogo* extrapola o limite da simples "alternância de vozes", indo à idéia de confronto de vozes situadas em tempo e lugar sócio-historicamente determinados. Constituído *no* e *pelo* social e, como tal, pelo complexo enredamento da dialogia, o sujeito integra-se a ele e, interpretando, por ele é também interpretado.

Assim se assenta a compreensão (segundo Vigotski, 1979, 1991) de que o complexo sistema cognitivo (consciência individual) não se limita à experiência "pessoal": ela aflora e se desenvolve pelo compartilhamento de universos socioculturais. Ao enunciar-se, no sujeito fala a multiplicidade das "vozes alheias" (*polifonia*). Da mesma forma, constroem-se na diversidade das relações os vários sentidos (*polissemia*).

Vigotski, expoente da corrente sócio-histórica, explica mediação semiótica e origem social das funções mentais pelo conceito de *internalização*, ou seja, o mecanismo pelo qual uma atividade externa se torna uma atividade interna, sobressaindo a função expressiva da mediação sígnica. A partir dessa perspectiva, a linguagem e a consciência deixam de ser tomadas como faculdades naturais humanas, frutos de dons inatos, para constituírem-se em produtos da ação coletiva dos homens, desenvolvidos ao longo de sua história.

Conseqüentemente, de uma concepção de língua como conjunto de signos abstratos, imutáveis, unos, passa-se para uma concepção de signo como algo vivo e móvel, capaz de evoluir.

Os processos mentais, na mesma linha, deixam de ser concebidos como fenômenos invariáveis.

Em razão desses pressupostos pode-se dizer que os interlocutores instituem o sentido (e a plurivalência) de seu discurso na dinâmica da interação verbal: o sujeito não é mais passivo nem exclusivamente ativo, ele assume a condição de sujeito interativo. A palavra, por sua vez, não somente emerge e adquire significação a partir do contexto interindividual, mas também transforma-se num espaço onde vozes situadas em diferentes posições se cruzam e se confrontam. Ela é "produto da interação viva das forças sociais" (Bakhtin/Volochinov, 1990, p. 66).

Essa forma da construção do dizer também é discutida por Pêcheux (1988) que, assentando as bases para uma teoria materialista do discurso e apoiado em Foucault e Althusser, procura compreender como se processam as condições de produção e constituição dos discursos e dos sujeitos. Essas condições se estabelecem através das "formações imaginárias" e "formações discursivas" implicadas num complexo sistema de representações. O ideológico se inscreve aí como dimensão constitutiva do discurso. Os sentidos produzidos nesse contexto correspondem a efeitos que dissimulam sua determinação ideológica, por um lado pela "evidência da existência espontânea do sujeito" (como origem ou causa de si), e por outro lado pela "evidência do sentido" (uma palavra designa uma coisa e possui um significado; a linguagem é transparente).

É essa ilusão que leva Pêcheux a imprimir no sujeito a condição de *assujeitado* – considerando que os protagonistas do discurso aí aparecem não na sua condição física de organismos individuais, mas na de representantes de um lugar em determinada formação social, lugar visualizado através de "formações imaginárias". Mesmo a situação específica e o contexto geral da produção emergem como objetos imaginários, e não como realidade física tangível. A materialidade destas formações, diz Pêcheux, é observada no limite das *formações discursivas* (termo engendrado por Foucault), responsáveis por reiterá-las ou transformá-las. Assim é que o indivíduo faz-se *sujeito* por um processo através do qual ele "esquece" aquilo que o condiciona; e passa a sujeito de seu discurso pela identificação com a formação discursiva que o domina. Essa constituição tem como resultado a *forma-sujeito*.

Assim, é a formação discursiva que regula as condições de exercício da função enunciativa, é o lugar de produção do sentido. Pêcheux imprime à subjetividade um caráter ideológico: o sujeito é complexo, determinado *na* e *pela* exterioridade.

De certa forma, colocar o sujeito na posição de assujeitado a ponto de considerá-lo uma ilusão subjetiva dilui de tal forma a sua existência que isso pode levar a interpretações que afirmem não haver sujeito, ou ainda haver discurso sem sujeito. Todavia, num certo sentido esta ótica permite deslocar concepções sobre a condição de existência do sujeito como origem e senhor da linguagem.

Foucault (1971), ao trabalhar a noção de sujeito, preocupou-se com os sistemas de formação dos discursos, entendendo que é a partir daí que o sujeito encontra condição de existência. Ele procurou salientar a não-existência de um discurso uniforme, originário de um sujeito produtor, fonte única de sentido. Para ele, a fonte de sentido é a formação discursiva, que ele caracteriza como

> um conjunto de regras anônimas, históricas, sempre determinadas no tempo e no espaço, que definiram, em uma época dada, e para uma determinada área social, econômica, geográfica ou lingüística, as condições de exercício da função enunciativa. (1971, p. 147)

Desta forma, o discurso pode ser concebido como "um conjunto de enunciados que provêm de um mesmo sistema de formação", podendo-se, então, falar em discurso clínico, discurso econômico, discurso pedagógico etc. É a partir desse enquadramento teórico que o sujeito do discurso aparece como uma função – uma função vazia, que pode ser preenchida nos mais diversos enunciados por indivíduos diferentes, da mesma forma que um único indivíduo pode ocupar alternadamente diferentes posições.

Temos, assim, duas posições extremas com relação à concepção de sujeito: de um lado, aqueles que defendem que "quem fala é o falante", de outro os que assumem que "quem fala é o discurso".

Contudo, para compreender o movimento que aqui pretendo mostrar, é preciso assumir a relação interioridade/exterioridade na constituição do sujeito e de seu discurso sem perder de vista nenhuma dessas dimensões.

3. ALFABETIZAÇÃO – MARCOS CONCEPTUAIS

Retomando a questão da alfabetização é bom frisar que as concepções de linguagem são determinantes de práticas pedagógicas diferenciadas que "introduzem" a criança no aprendizado sistemático da leitura e da escrita.

Ora, a concepção de linguagem que tem norteado as ações pedagógicas na área de alfabetização é a que define linguagem como objeto ou sistema autônomo, sem história, constituído por leis próprias, uma espécie de código exterior ao sujeito. O conhecimento se daria a partir da aquisição da linguagem vista como objeto a ser assimilado pela criança. Pressupõe-se que o sujeito, na fase inicial de escolarização, é *tabula rasa*, cabendo ao professor a transmissão de conteúdos definidos e sistematizados. Atribuem-se valores absolutos às propriedades formais da linguagem: o "certo" e o "errado" são entendidos como o adequado ou não a hábitos lingüísticos de determinada classe social (língua padrão, idealizada); o que foge aos padrões estabelecidos é desvio. Assim, não são consideradas as variações lingüísticas decorrentes do uso da linguagem em circunstâncias historicamente marcadas.

No processo de aquisição da leitura e da escrita, os aspectos perceptuais (visuais, auditivos e motores) são tidos como pré-requisito para aprender, e tal conhecimento é concebido como aquisição de uma *técnica*: ler consiste num mecanismo de correspondências entre o oral e o escrito, e escrever consiste na aquisição de uma técnica de reprodução de unidades sonoras em unidades gráficas. Isto deve funcionar desde o deciframento de letras até o nível do texto.

O ensino assim fundamentado define momentos precisos para introduzir fonemas, grafemas, sílabas, palavras, frases ou textos (sempre do "mais simples" ao "mais complexo"). Cabem aqui os processos que adotam métodos de alfabetização conhecidos como *sintéticos*, *analíticos* e *analítico-sintéticos*: a aprendizagem se reduz, em todos eles, ao reconhecimento e reprodução de sinais gráficos, em que se dá ênfase às habilidades perceptivas e motoras, descuidando-se de aspectos mais centrais da alfabetização.

Atualmente, a partir das contribuições da Psicologia, da Psicolingüística, da Lingüística e de outras áreas, o aprendizado da leitura e da escrita passou a merecer um tratamento diferenciado.

Procurando ultrapassar as concepções de linguagem que tradicionalmente têm norteado as ações pedagógicas, chega-se a duas vertentes que são fonte de redefinição de valores/tendências metodológicas e filosóficas, podendo-se dizer, até, provocando revoluções conceituais: a corrente construtivista, originada das pesquisas de Jean Piaget (v. publicações de Emilia Ferreiro e Ana Teberosky), e a corrente sócio-histórica, cujo mentor é Vigotski.

Para a primeira o marco diferenciador consiste no entendimento de que o processo de aprendizagem, antes visto como desencadeado a partir de métodos específicos de alfabetização, agora é provido por uma atividade organizadora do sujeito visto como ativo, estabelecida na interação sujeito/objeto de conhecimento. A aprendizagem da leitura e da escrita não pode ser reduzida à aquisição de um conjunto de técnicas perceptomotoras, como propõem os modelos associacionistas, mas deve corresponder a uma aquisição conceitual.

Ferreiro e Teberosky constataram também que a criança, no esforço para compreender a natureza do sistema de escrita, constrói várias hipóteses que vão do pré-silábico ao alfabético, ao mesmo tempo que vai descobrindo os usos e funções da língua escrita no meio em que vive. E mostraram que esse aprendizado inicia muito antes de a criança entrar na escola. A inovação está em que a preocupação diz respeito a compreender como se dá o conhecimento da "lectoescritura" pela criança, ou seja, como ela se alfabetiza. Além disto, prevê-se como objetivo da alfabetização a introdução da língua em toda a sua complexidade e não unicamente como introdução do código de correspondências grafofônicas (Ferreiro e Teberosky, 1988; Ferreiro, 1990).

Já a corrente sócio-histórica, que busca orientação sobretudo nas obras de Vigotski, centraliza o processo na atividade interativa envolvendo uma mediação necessária feita pelo outro – adultos e parceiros de aprendizagem. Esta aprendizagem, efetivamente socializada, se dá através de um mecanismo pelo qual uma atividade externa se torna uma atividade interna (*internalização*), sobressaindo a função expressiva da linguagem (mediação semiótica) nesse processo.

A partir desta perspectiva o professor (e/ou colega mais experiente) assume papel fundamental no intercâmbio, regulando o funcionamento discursivo, interferindo na aprendizagem e no desenvolvimento cognitivo. Em sua proposta, Vigotski (1991) define esta situação desenvolvendo o conceito de "zona de desenvolvimento proximal":

> Ela é a distância entre o nível de desenvolvimento real, que se costuma determinar através da solução independente de problemas, e o nível de desenvolvimento potencial, determinado através da solução de problemas sob a orientação de um adulto ou em colaboração com companheiros mais capazes. (p. 97)

Esta visão confere à linguagem uma natureza sociointeracionista, deslocando a atenção de aspectos puramente formais para aspectos enunciativo-discursivos. A leitura passa a ser entendida como atividade produtiva, através da qual o leitor é promovido a reconstrutor do texto. A escrita, por sua vez, é produto da atividade de um sujeito histórico, situado numa comunidade discursiva, o qual tem o que dizer, por que dizer, como e para quem, que conhece e seleciona as estratégias (Geraldi, 1991).

O aluno visto como sujeito de interação tem acesso às condições para "transitar" por diferentes discursos em diferentes modalidades (oral, escrita) para construir um próprio.

Se pela linha sócio-histórica o sujeito da linguagem adquire uma dimensão social isso não significa sua anulação individual. Bakhtin/Volochinov parece dar-nos essa indicação: "em toda enunciação, por mais insignificante que seja, renova-se sem cessar essa síntese dialética viva entre o psíquico e o ideológico, entre a vida interior e a vida exterior" (1990, p. 66).

Esta abertura dialética direciona meu trabalho; acredito, como Possenti (1988, p. 58), que os interlocutores "não são nem escravos nem senhores da língua. São trabalhadores".

4. METODOLOGIA

4.1 A pesquisa

Optando por observar uma escola que desenvolve sua prática numa linha tradicional e uma outra que se propõe realizar um ensino alternativo, meu objetivo era verificar em que medida elas se preocupam em abrir espaço para uma interlocução real, reconhecendo e trabalhando as interações como momento de produção de linguagem e lugar de constituição de sujeitos enunciadores, tendo em vista o texto escrito, unidade lingüística básica do processo de alfabetização.

A orientação global proposta para o desenvolvimento deste trabalho é a Análise de Discurso (AD), através de pesquisa qualitativa com uma ótica etnolingüística, conforme delineia Maingueneau (1992). Um estudo nesta linha tenta dar conta de regularidades do funcionamento discursivo. A perspectiva etnolingüística da AD (tendência recente) permite este tipo de investigação, já que tem como um dos traços marcantes o interesse por grupos restritos, por comunidades que através de seus ritos de linguagem partilham o mesmo território. Em lugar de confrontar um lugar de enunciação e uma massa anônima de sujeitos há tendência em ligar a inscrição enunciativa à produção e gestão do escrito, à definição de uma rede estreita de relações entre "sujeitos situados" por seu estatuto. (Maingueneau, 1992, pp. 117-118)

Apesar de se considerar, tradicionalmente, que a perspectiva etnolingüística abre para a análise das manifestações orais, o *escrito* aqui entra como um *regime* enunciativo ao lado do primeiro, que não é *primeiro* senão numa ordem de apresentação. Assim, o material escrito aparece também com uma vocalidade. De fato, para Maingueneau, *etnologizar* o escrito é admitir que os textos têm uma voz específica, e que nesse domínio há um duplo movimento: a existência de um modo de enunciação específico e uma *incorporação* (formação de um corpo) pelo texto escrito fundada sobre uma oralidade que lhe é própria.

Seguindo ainda nesta perspectiva, o autor assevera que o ritual enunciativo é a unidade pertinente, devendo-se levar em conta o estatuto dos participantes, o momento, o lugar e o modo de enunciação legítimos.

Neste sentido, importa descrever e analisar o desenvolvimento da produção textual nas duas salas de aula como um ritual, especificando o modo como docentes e discentes tecem no cotidiano este conhecimento, estabelecendo relação entre o tipo de interação privilegiado e a forma de construção desse conhecimento – tendo-se sempre em mente que "o texto tem tendência a apagar os traços mais visíveis do que o torna possível" (*ibid.*, p. 123).

Apreender a linguagem em seu funcionamento significa, portanto, ter sob análise o quadro discursivo que torna possível a geração de um certo número de textos escritos.

4.2 A escolha das escolas

A pesquisa foi realizada em duas salas de aula de 1.ª série do 1.º grau de escolas da rede pública de ensino do Estado de

Santa Catarina, localizadas nos municípios de São José e de Florianópolis. Uma desenvolve a proposta de ensino que se propõe *alternativa*, e a outra o que chamo aqui de *tradicional*.

A escolha da primeira deveu-se ao fato de eu ter conhecimento dos trabalhos diferenciados desenvolvidos na região, além de conhecer o professor que trabalha nesta linha. O texto é a unidade norteadora de todo o processo de ensino. A maioria de seus alunos também freqüentou a pré-escola, no mesmo estabelecimento, e com a mesma orientação metodológica. A seleção da segunda realizou-se em função das características da primeira, diferindo na abordagem do processo, uma vez que se objetivava um contraste de linhas.

Devo registrar que, embora eu considerasse a metodologia adotada pelo professor da segunda escola como tradicional, nossos critérios para a denominação "tradicional" diferiam. Meu critério se alicerça em concepções de linguagem que subjazem aos métodos de alfabetização e que tomam a língua como algo acabado, privilegiando o domínio do sistema gráfico, a valorização dos aspectos formais da linguagem – prática que se reproduz neste processo de alfabetização. Desenvolvendo seu processo de ensino pela adoção do método *cartazes de experiência* (Bittencourt, 1983) numa fase inicial e do método de *experiências criadoras* (Silva, 1974) numa seqüência que compreende da 1.ª à 4.ª série, o professor o considera inovador.

Deve-se dizer que as experiências de alfabetização com esta metodologia constituíram-se, na época de sua implementação (e ainda hoje), num avanço e redefinição de práticas antes desenvolvidas (métodos fonéticos e silábicos). Nela está previsto o uso e a elaboração de textos desde o início do processo; preconiza que se valorize a voz do aluno propondo sua participação na "criação" de textos; estimula a expressão escrita – atitude incomum nas práticas precedentes.

Todavia, esta "virada", que para o pensamento dominante das Ciências na época era vanguardista, e que teve repercussão e boa aceitação no contexto escolar, não comportava mudanças de aspectos fundamentais envolvidos na alfabetização, como a natureza do objeto e a natureza da aprendizagem desse objeto, ou seja, a linguagem na sua dimensão simbólica e dialógica.

Denominei esta escola de *Escola A*, e a primeira, de *Escola B*. Valendo-me da correspondência, às vezes nomeio o professor da *Escola A* de *Professora A*, ou atribuindo-lhe o nome fictício de *Mila*, e o da *Escola B* de *Professora B*, ou ainda *Rose*.

A professora Mila tem habilitação em Magistério (segundo grau), e uma experiência de doze anos no 1º grau (1ª a 4ª série), sempre com a mesma metodologia, desde a sua implementação na escola. Destes doze anos, os três últimos foram em classes de 1ª série. A experiência de Rose é de 8 anos no 1º grau: seis na 1ª série, sendo três nesta proposta metodológica em análise. Formou-se no curso de habilitação para o Magistério (segundo grau) e cursou Pedagogia (administração escolar).

As duas turmas coincidentemente contavam cada qual com 28 alunos, a maioria com a idade de 7 anos. No decorrer do ano houve uma transferência na *Escola A*, permanecendo em classe até dezembro 27 alunos. Na segunda escola houve 4 transferências e 2 desistências, totalizando 22 alunos no final do ano letivo. Na *Escola A* foram aprovados 22 alunos (81,4%); na *Escola B*, 19 (86,3%).

Quanto ao nível socioeconômico, as classes se assemelhavam. A maioria dos alunos provinha de famílias de baixa renda. O grau de instrução da maioria dos pais se concentrava no 1º grau (incompleto e completo) e no 2º grau (completo).

4.3 O grupo e eu

4.3.1 Na Escola A

A professora Mila apresentou-me a seus alunos e deu informações sobre mim e meus objetivos. Minha postura diante da turma era um pouco formal, mais como observadora que como participante. Sentava-me geralmente na última carteira. A sala era organizada por filas de carteiras com a mesa do professor à frente, o que dificultava uma interação maior com o grupo. Nossos contatos se restringiam normalmente a períodos de recesso de atividades didático-pedagógicas (intervalos de aulas) ou quando a professora e/ou os alunos se dirigiam a mim, no corpo das aulas. Raras vezes participava de alguma atividade e quando o fazia era para distribuir cadernos, livros-texto, bilhetinhos, etc. Mesmo assim compartilhávamos momentos de interação possíveis, num relacionamento amigável e íntimo. Mila era dinâmica e competente naquilo que se propunha realizar. Identificava-se com a metodologia adotada, liderando mesmo reuniões semanais de planejamento com outros professores da mesma série.

4.3.2 Na Escola B

Desde as primeiras aulas o trabalho pedagógico da professora Rose foi marcado por propostas de atividades (orais e escritas) com envolvimento ativo dos membros da classe e, quando possível, com outros da própria escola. Deste modo, quando iniciei minhas observações fui também envolvida nas atividades da turma: estando os alunos dispostos em equipes, não só fui convidada a sentar-me em uma delas mas também a fazer parte dela. Um crachá de identificação estampando o meu nome me fez membro do grande grupo, a exemplo do que acontecia com cada novo elemento que viesse freqüentar esta primeira série. Diariamente, a distribuição nominativa dos crachás proporcionava, além do conhecimento mútuo e um entrosamento maior dos membros da turma, um conhecimento lingüístico, já que, nesse momento, desencadeavam-se atividades a partir dos nomes próprios*. Por isto, nesta situação como em muitas outras, meu nome e minha fala figuram no contexto de ensinamento e nos textos escritos.

---

* O nome próprio dentro dessa perspectiva de alfabetização assume fundamental importância: sendo a expressão da própria identidade, uma espécie de rosto no espelho, é um "texto" altamente significativo, talvez mais do que qualquer outra palavra para a criança.

Foi assim que me tornei um interlocutor real, para alguns, possível ou pressuposto para outros, principalmente para as suas experiências individuais de escrita.

4.4 A observação e a coleta de dados

Para observar, descrever e analisar o processo de produção textual nas duas classes foi empreendido um estudo longitudinal com início em fevereiro de 1991 e término em dezembro do mesmo ano.

Nas primeiras semanas a assistência era diária. À medida que ia estreitando o foco de interesse (produção de textos escritos) passei a assistir em média a duas aulas semanais no primeiro semestre e duas mensais no segundo. O termo "aula" compreende, aqui, um período da manhã ou da tarde dos dias letivos em que se trabalhava este conhecimento.

Minha posição como pesquisadora era de observador-participante, aliando a esta conduta outros procedimentos para arquivar informações: consulta a arquivos da escola e utilização de questionário entregue aos alunos para obtenção de dados sobre a situação socioeconômica; gravações em áudio e vídeo; registro escrito em forma de relatório; entrevistas informais e focalizadas. O arquivo de textos produzidos pelos alunos foi montado a partir de cópia xerox e alguns originais.

O *corpus* foi catalogado por tema e data das aulas. As gravações só foram realizadas depois de um período de familiarização com os instrumentos e com autorização das professoras. Os códigos utilizados para o arquivamento do *corpus* são dispensados nesta apresentação, salvo pelas datas de ocorrência e pela identificação de recortes de entrevista (E) com as professoras, para evitar ambigüidades.

Objetivando uma visão de conjunto e observação das regularidades do funcionamento dos discursos, primeiramente escutei, observei e li insistentemente os dados coletados. Depois reescutei fitas, reli anotações e textos anotando tópicos relevantes para a análise de minhas hipóteses interpretativas. Estas, por sua vez, me conduziram à teoria num jogo constante entre busca teórica e revisão de dados.

Para a análise do funcionamento discursivo tomei o *recorte* como unidade discursiva a ser descrita, aqui entendida como "fragmentos correlacionados de linguagem-e-situação" (Orlandi, 1984, p. 14). Elegi aulas representativas das duas turmas para cada etapa diferenciada do processo de produção textual e outros recortes das demais na tentativa de reconstruir o processo. Os recortes que integram as discussões foram reeditados em outras fitas para facilitar as transcrições. As gravações em vídeo serviram como apoio às descrições etnolingüísticas, uma vez que o objetivo deste trabalho não era detalhar comportamentos não-verbais.

4.5 As transcrições

As transcrições seguem convenções que sintetizam aquelas utilizadas em trabalhos de Análise do Discurso e da Sociolingüística. A fala dos interlocutores foi transcrita na ortografia convencional do português, registrando-se apenas algumas variações fonológicas marcantes. O número que antecede a fala identifica o turno proferido. Nas aulas representativas estes números obedecem à ordem crescente das enunciações; nos demais recortes a ordem também é crescente, só que iniciando sempre pelo número 1, independentemente de sua localização no contexto da aula correspondente. A exceção são os recortes transcritos que dizem respeito às aulas representativas. Estes mantêm a numeração correspondente aos turnos antes citados.

As convenções são as seguintes:
P   Professor
A   Aluno(a)
As   Alunos
A(x) Alunos diferentes identificados nos turnos por um número seqüencial ou por iniciais dos nomes

[...]	Corte pelo analista
( )	Comentário do analista
...	Pausas, hesitações no fluxo das enunciações
[	Falas sobrepostas
/	Interrupção na fala em curso

Analisando o processo pedagógico

1. PRELIMINARES

A escola preconiza um modelo de educação em concordância a modelos instituídos em esferas sociais mais "altas", sob os quais formula conhecimentos objetivos e padrões de ação encenados em projetos de ensino particulares. Chauí (1980, p. 26) explicita como, em nível institucional, estas relações de implicação e determinação estão organizadas: "a burocracia estatal [...] por intermédio dos ministérios e das secretarias de educação legisla, regulamenta e controla o trabalho pedagógico definindo sobre a educação seu sentido, finalidade, forma e conteúdo".

Da mesma forma, perpassa todo esse sistema educacional um conjunto de forças que estabelecem uma relação de dominância, uma rígida ordem hierárquica que, incidindo sobre atitudes e representações dos sujeitos, constrange a posições e tomadas de decisões. Assim é que, na sala de aula, o professor está sujeito, em suas "opções" de encaminhamento pedagógico, a regulações desta natureza, muitas vezes sob a forma de instruções oficiais.

A escola brasileira atual está, pois, referendada por um pensamento dominante que lhe atribui a condição de via legítima de acesso dos sujeitos a conhecimentos historicamente acumulados pela humanidade. Em virtude da interpretação e conseqüente relação que estabelece entre sujeitos e objetos de conhecimento, irá marcar as relações interpessoais, atribuindo lugares e posições enunciativas.

Tradicionalmente o professor é situado numa posição hierarquicamente privilegiada: é o condutor, controlador do fazer pedagógico, responsável também pelas regras interacionais (já previstas ou a construir no grupo) que, concomitantemente, vai estabelecendo e firmando durante o processo de ensino e de aprendizagem dos conhecimentos. Ao aluno é imprimida a condição de aprendiz em escala zero – *tabula rasa* (principalmente em fase de alfabetização) –, conseqüentemente de elemento que está aí para assimilar certos conteúdos, obediente e passivo diante de seu único interlocutor, o professor, que, nesta relação, detém "o saber" e "o poder".

Apesar de estas determinações exercerem acentuada influência no sistema escolar, há, neste mesmo espaço, lugar para rupturas e nascimento de novas construções, situando projetos e trabalhos educativos de forma mais ou menos diferenciada e autônoma. Tais situações de condutas diversas serão abordadas com detalhes pela análise dos dois encaminhamentos do processo de ensino da produção textual escrita, em discussão.

2. A INSTITUIÇÃO E O DISCURSO PEDAGÓGICO

O processo que leva à produção escrita no sistema escolar está fortemente sustentado pelo discurso oral do professor, que concretiza uma forma de organização própria de um modelo social de ensino, reflexo de concepções construídas ao longo da sua história. Ele sustenta imagens do papel que pensa ter de desempenhar diante da sociedade, da instituição escolar e dos alunos e, em função delas, vai assumindo uma determinada forma de encaminhamento do processo, ao mesmo tempo que vai definindo e construindo as relações interacionais com os alunos.

O que ele privilegia dessas relações no seu cotidiano com o aluno intervém na concretização da imagem que este passa a construir sobre o objeto de conhecimento, e sobre as posições e papéis que pensa deva ele assumir diante de seus interlocutores e ao objeto, num jogo de regras de projeção social. Assim, na particularidade do ensino da escritura textual, o professor vai propondo (ou impondo?) e definindo as "normas" da produção escrita, e vai formando (para o aluno) uma imagem de discurso escrito e das posições enunciativas que cada um, professor e aluno, pode ou deve ocupar.

Como instituição, portanto, a escola tem por tradição um discurso: o Discurso Pedagógico (DP) ou "Discurso Científico Educacional". Este, em nossa formação social, tem reproduzido um funcionamento autoritário pelo tipo de relação que vem mantendo entre interlocutores e objeto, conforme já comentado.

A par desta herança, entretanto, estão as inovações de prática educativa que, pela proposta de ruptura do que é tradição, gestam um outro discurso, que se pretende transformador.

> A escola é a sede do DP. Em última instância, é o fato de estar vinculada à escola, isto é, a uma instituição, que faz do DP aquilo que ele é, mostrando-o em sua função: um dizer institucionalizado, sobre coisas, que se garante, garantindo a instituição em que se origina e para a qual tende. É esse o domínio de sua circularidade. Circularidade da qual vemos possibilidade de rompimento através da crítica. (Orlandi,1987, p. 23)

Assim cristalizam-se tipos (produtos) que determinam relações específicas entre sujeitos e objeto, dependentes da diretriz educacional (princípios) adotada em cada escola (macrossistemas) ou em salas de aula (microssistemas).

Entrando na escola, as crianças passam, então, a vincular-se a estas "comunidades discursivas" reguladas e controladas e que configuram linguagens específicas. Desencadeiam-se a partir daí condutas marcadas ora em direção ao controle, ora em direção ao diálogo.

Como critério para reconhecer o tipo de discurso regido nas duas práticas, vou adotar a tipologia proposta por Orlandi

(1987), que toma a relação dos participantes do discurso com o objeto de conhecimento a partir da noção de interação (a reversibilidade, a troca de papéis ou de estatuto entre locutores) e a relação entre polissemia e paráfrase (a abertura, ou não, para múltiplos sentidos).

A autora distingue três tipos de discurso: o *lúdico*, o *polêmico* e o *autoritário*, alinhados não numa relação de oposição mútua, mas de dominância. Define o lúdico como "aquele em que o seu objeto se mantém presente enquanto tal e os interlocutores se expõem a essa presença", resultando "expansão da polissemia", e "a reversibilidade entre interlocutores é total" (...), "o exagero é o *non sense*". O discurso polêmico "mantém a presença do objeto, sendo que os participantes não se expõem – ao contrário, procuram dominar o referente, dando-lhe uma *direção*, indicando perspectivas particularizantes" (...) "a polissemia é controlada" e "a reversibilidade se dá sob condições" (...) "o exagero é a injúria". Por fim, o discurso autoritário é definido como aquele em que "há a contenção da polissemia, já que o agente do discurso se pretende único e oculta o referente pelo dizer", sendo que "procura estancar a reversibilidade" e "o exagero é a ordem" (pp. 15 e 29).

Em resumo: "O discurso polêmico seria aquele que procura a simetria, o autoritário procura a assimetria de cima para baixo e o lúdico não colocaria o problema da simetria ou assimetria" (p. 154). Este último ainda não ganha lugar na atual conjuntura social. Ele seria o que "vaza", seria a ruptura (aqui entendida no âmbito de estrutura social).

Assumindo estes critérios, minha intenção é proceder à análise do processo pedagógico nas duas escolas, tendo como preocupação o tipo de relação manifestado entre professores e alunos (interlocutores) e texto escrito (objeto/referente), sob a ótica da imbricação processo/produto.

3. PROFESSORA A: SEGUINDO O MÉTODO

3.1 O discurso do método

A literatura pedagógica mostra que muitos professores apóiam o trabalho de alfabetização em métodos específicos, seguindo uma forma de ação que tem certo caráter de legalidade e segurança por ser o método reconhecido como um caminho que apresenta alguma garantia de resultado.

Trata-se, na terminologia de Charaudeau (1983), do *discurso do método*, que pressupõe um "contrato de fala" propondo um ideal de "como fazer" para demonstrar a "verdade". O sujeito que o enuncia se constitui, assim, em "Conselheiro" de um programa que deve ser seguido, e esta autoridade lhe é assegurada pelo reconhecimento e pela experiência anterior bem sucedida – e mais, o programa de "Fazer" é apresentado de tal modo que pode ser desligado do "Conselheiro" quanto às suas condições de realização.

O discurso do método, na prática de alfabetização, se apresenta em geral materializado sob a forma de manual didático, de "guia" para o fazer pedagógico e, quando tomado nesta perspectiva de diretriz formal, na prática verbalizada do professor vai gerar um outro discurso que corresponde aos passos previstos no plano de ensino, cujo objetivo é o próprio fazer lingüístico.

A escola, que socialmente tem o papel de mediar conhecimento historicamente acumulado pela humanidade e sujeitos-aprendizes, encontra no método um veículo que supõe ser seguro para estabelecer esta mediação. Para Lemos (1992) os métodos e técnicas parecem cristalizações do tipo de mediação objeto/sujeito, na medida em que se destinam a um sujeito construído a partir de uma das descrições possíveis das propriedades do objeto. Desse modo, se a escola trabalha com a concepção de linguagem como instrumento de comunicação, o método, na medida em que se apresenta como ideal do "como fazer", oferece garantia para a efetivação da transferência de conhecimento. Seguir a norma passa a ser garantia de um tra-

analisando o processo pedagógico • 23

balho competente em favor das expectativas individuais e das propostas nos projetos de ensino – reflexo, obviamente, de expectativas sociais.

A relação professores/alunos e objeto de conhecimento intermediada por um método "dado e estático" se faz por um tipo de discurso que isenta quem o executa da responsabilidade de "saber-fazer", já que se constitui num modelo de ação construído fora, e que se impõe a partir de sua aceitação. Para obter sucesso basta ao professor seguir passo a passo a ação pedagógica.

Assim, quando o professor seleciona um método está selecionando juntamente com ele um discurso delimitador que enquadra o desenvolvimento das atitudes e atividades escolares. Ali tudo parece estar definido. O professor fala pela voz memorial de um discurso (legitimado) que não é seu, mas que passa a assumir como seu. É a voz *técnica*, a fala *prevista* para ser dita por e para qualquer locutor nos limites de uma situação pedagógica.

Um exemplo pode ser pinçado do manual utilizado pela professora A:

> Chame, à frente, um aluno e peça-lhe para localizar as frases ali escritas. Peça-lhe, depois, para localizar a palavra laranja. Provavelmente, ele irá mostrar a palavra laranja, que serve de título.
> Pergunte-lhe:
> – Onde mais está escrito laranja? (Bittencourt, 1983, p. 19)

Esta apresentação explícita de um modelo de fala para o professor funciona como *mais* uma garantia do "fazer a coisa certa", em favor das expectativas institucionais. Observe-se como isto repercute na prática efetiva: cito um recorte do manual e, em seguida, um da fala da Professora A de uma aula em que ela está às voltas com o ensino da leitura silenciosa a partir do texto "O Coelho", produzido em sala de aula.

Do Manual:

> Dirija a leitura silenciosa, ordenando:
> – Leiam, só com os olhos, para saber qual é a cor da laranja (corra a régua sob a frase).

– Gláucia, qual é a cor da laranja?
– Leiam, só com os olhos, para saber o que há de bom dentro da laranja (*ibid.*, p. 17).

Da aula:
[25.03.91]
P: Vou ajudar a ler quem não conseguiu.
    Leiam o título da história... Leiam só com os olhos, a frase que fala da cor do coelho... O que o coelho branco faz?

O efeito da fala do método no contexto real é uma enunciação circunscrita ao preestabelecido. Esta forma de organizar o processo de ensino-aprendizagem da leitura e da escrita desencadeia uma situação que dificulta o fluir da interlocução, que fere o princípio discursivo da linguagem como efeito de sentido produzido na relação de interlocução, privilegiando, em nome de uma fala técnica supostamente eficiente, a transferência unilateral de conhecimentos a alunos que supostamente os ignoram.

Neste contexto é que se pode compreender o peso das concepções de linguagem nos encaminhamentos pedagógicos. O professor pactua com uma concepção de linguagem como instrumento de comunicação (veículo de informação). Em razão desta posição, enfatiza os aspectos material e formal da língua. Em decorrência, a aprendizagem será obtida pela memorização, através de treinos e repetições, via trabalho mecânico com as formas da língua e estruturas frasais. É o caso da Professora da Escola A que, adotando o método analítico de alfabetização por meio de cartazes de experiência, toma o objeto de ensino como algo a ser aprendido por um sujeito idealizado em razão da propriedade do objeto: um sujeito que aparece como simples suporte de linguagem. Assim, a professora toma o texto como produto e passa a apresentá-lo como pretexto (motivação?) para a seleção de palavras-chave, como conteúdo a ser transferido ou formulado de forma fragmentada (frase a frase), ou ainda como "pretexto" para uma outra atividade formal ou estrutural qualquer, deixando, pois, de tomá-lo como unidade de sentido que encontra sua completude no processo dialógico. O seu papel, neste contexto, é o de dosar e controlar este objeto de conhecimento, apresentando-o de forma gradativa e de acordo com seu "nível de complexidade". O recorte das aulas da Professora A, que apresento na seção seguinte, evidencia e detalha estas questões e, mais, oportuniza outras discussões, pois se constitui em um exemplo característico de parte significativa da totalidade das aulas reservadas à introdução das crianças no ensino sistematizado da leitura e da escrita.

3.2 Produção coletiva

A professora encaminhou seu trabalho tendo por base dois momentos distintos: produção coletiva e produção individual (dirigida e não-dirigida), que serão analisadas e discutidas a seguir. Estes momentos tiveram uma seqüência cronológica bem definida. As produções coletivas concentraram-se basicamente no primeiro bimestre do ano letivo. O outro momento compreendeu boa parte do ano letivo – embora neste período a professora tenha dado mais ênfase à leitura e a outras atividades, tais como exercícios estruturais e de treino de habilidades do que à produção escrita textual.

Para o desenvolvimento destes trabalhos uma de suas preocupações era o planejamento semanal elaborado em conjunto com outros colegas de primeira série. Apoiados nas orientações do manual, eles selecionavam textos e planejavam outras atividades objetivando um trabalho comum na instituição. Um desses textos era o seguinte:

A boneca
Rita tem uma boneca.
A boneca diz: mamãe!

As palavras previstas para estudo eram: "Rita", "boneca", "diz" e "mamãe". Com o texto em mente e munida com cartazes confeccionados a partir dele para serem utilizados na parte da aula reservada para leitura oral e silenciosa, a professora A deu início a sua aula.

Objetivando formar as histórias a partir de uma situação vivenciada pelas crianças, ela trouxe para a sala de aula uma boneca que chorava e dizia "mamãe". Primeiro colocou as palavras "um" e "uma" no quadro e solicitou que os alunos dissessem nomes que poderiam concordar com elas. Em seguida, solicitou que pensassem especificamente nos brinquedos que tinham em casa, cujos nomes concordassem com os artigos indefinidos *um* e *uma*; assim, foi escrevendo nomes no quadro até obter aqueles que desejava: uma bola, uma boneca. Depois, colocou a boneca que havia trazido escondida atrás de sua mesa e reiniciou a fala com os alunos:

[8.04.91]
1 P: Hoje eu tenho uma surpresa pra vocês.
2 A_s: *(Muitas vozes, muito barulho)*
3 P: Agora vocês vão ouvir. Fiquem quietinhos que vocês, agora, vão ouvir.
4 A: Tia, eu queria falar um negócio.
5 P: Fala!
(A professora dá corda à boneca. Esta chora e fala "mamãe". Depois solicita que as crianças ouçam o choro da boneca. Os alunos ficam curiosíssimos.)
6 A_s: Tia, mostra.
7 A_s: Mostra... mostra.
(A professora mostra a boneca.)
8 P: Que brinquedo é esse daqui?
9 A_s: Boneca!
10 P: Vou escrever pra vocês *(escreve no quadro a palavra "Boneca"...)*. O que é que a boneca faz?
11 A_s: Chora *(alunos respondem entusiasmados)*.
12 P: Olha, eu vou escrever a palavra chora *(escreve "chora" no quadro...)*. Que palavra é esta?
13 A_s: Chora!

14 P: O que a boneca diz?
15 A$_s$: Mamãe!
16 P: Olha, vou escrever a palavra mamãe *(escreve "mamãe")*.
[...]
17 P: Quem quer me entrevistar?
18 A$_s$: Eu.

(A professora vai indicando um e outro aluno que lhe apontam o dedo, ou os chama para que façam as perguntas e vai respondendo-as à medida que lhe são feitas. Eles lhe perguntam: "Onde você arrumou esta boneca?"; "O que esta boneca faz?"; "De onde é que ela veio?"; "Quantos anos a tua amiga tem esta boneca?"; "Qual a fábrica de onde ela veio?"; "Tem disco?"; "Ela chupa bala?". *Terminada a entrevista, os alunos ficam excitados, querendo falar sobre seus brinquedos. Muitos falam ao mesmo tempo e chamam pela professora pedindo vez para falar.)*

19 P: Deixem eu falar sobre o como ela funciona?

(A professora explica aos alunos o mecanismo que põe a boneca em funcionamento.)

20 A: Tia, deixa eu falar uma coisa. Eu tenho uma boneca que o nome dela não é boneca é Juliana.
21 P: Ah, vocês não me perguntaram o nome da menina que é dona da boneca.

(A professora vai ao quadro, escreve o nome "Rita" e solicita que os alunos o leiam. E continua.)

22 P: O que Rita tem?
23 A$_s$: Uma Boneca.
24 P: O que Rita tem?
25 A$_s$: Boneca.
26 P: O que a boneca faz?
27 A$_s$: Chora.
28 P: O que a boneca faz?
29 A$_s$: Chora.
30 P: O que é que ela diz?
31 A$_s$: Mamãe.

32 P: O que é que ela diz?
33 A$_s$: Mamãe.
34 P: Rita ainda não deu nome para a boneca. Ela vai fazer um batizado e vai dar um nome para ela... Eu quero ver agora quem é que prestou atenção. Que palavra é essa daqui? *(aponta para a palavra "boneca" e repete várias vezes a mesma pergunta)*
35 A$_s$: Boneca *(os alunos respondem tantas vezes quantas lhes é perguntado).*
36 P: E essa daqui? *(aponta para "chora" e repete a pergunta várias vezes)*
37 A$_s$: Chora *(os alunos respondem à medida que as perguntas são feitas, sempre do mesmo modo).*
38 P: E essa daqui? *(aponta para a palavra "Mamãe" e adota a sistemática anterior)*
39 A$_s$: Mamãe *(alunos respondem).*
40 P: E o nome da dona da boneca? *(idem)*
41 A$_s$: Rita *(idem).*
42 P: Rita tem uma boneca. A boneca chora. E o que é que a boneca diz?
43 A$_s$: Mamãe.
44 P: Como é o nome da dona da boneca?
45 A$_s$: Rita.
(A professora chama a atenção dos alunos para o fato de a palavra "Rita" estar escrita com letra maiúscula; para prestarem atenção e ficarem em silêncio.)
46 P: Que título vocês querem dar para a história de hoje?
47 A$_s$: A boneca *(os alunos gritam).*
48 P: Como é o título da história?
49 A$_s$: A boneca.
50 P: Quem quer ir copiando a história? *(poucos alunos se manifestam dispostos a copiar a história)* Ah, seus preguiçosos! Todos vão copiar *(os alunos então iniciam a cópia da história que*

vai sendo escrita no quadro pela professora à medida que ela vai fazendo as perguntas).
51 P: Na nossa história quem tem uma boneca?
52 A_s: Rita tem uma boneca.
53 P: Quem tem uma boneca?
54 A_s: Rita tem uma boneca.
55 P: Filipi, o que tu achas que deve vir agora?
56 A_F: A boneca é de plástico.
57 P: O que a boneca faz? *(fala dirigindo-se ao grupo)*
58 A_s: Chora.
59 P: A boneca chora, chora... O que a boneca diz?
60 A_s: Mamãe *(poucos alunos respondem).*
61 P: Então escrevam: A boneca diz: – Mamãe! *(fala sobre o uso do travessão)* Ela diz uma vez só?
62 A_s: Não *(fala lenta, arrastada e por poucos alunos).*
(A professora coloca reticências após a escritura da palavra "mamãe" e explica o porquê. Seguindo, escreve novamente "mamãe" e explica o uso da letra minúscula depois da maiúscula.)
[...]
O texto que ficou registrado no quadro foi:
   A boneca
 Rita tem uma boneca
 A boneca chora, chora...
 A boneca diz:
  – Mamãe... mamãe...

Pode-se observar que, do início da aula até a produção escrita do texto no quadro, a professora encaminhou o seu discurso com base num conjunto restrito de enunciados que reproduzem seqüencialmente, em forma de perguntas ou asserções, os enunciados do texto anteriormente elaborado, previsto para ser apresentado nesta aula. A forma como a aula foi organizada evidencia etapas bem marcadas para apresentação do objeto-texto. São elas:

I – INTRODUÇÃO AO TEMA
1. Apresentação do objeto boneca (turnos 1 a 8)
2. Entrevista dos alunos com a professora (Improvisação) (Ver comentário do analista entre os turnos 18 e 19)
II – CONDUÇÃO ORAL PARA A ORGANIZAÇÃO DISCURSIVA DO TEXTO
1. Apresentação seqüenciada das estruturas frasais do texto (turnos 22 a 33)
2. Fixação das palavras novas em estudo (turnos 34 a 41)
3. Retomada dos enunciados que compõem a estrutura geral do texto (turnos 42 a 49)
III – CONDUÇÃO ORAL PARA A ESCRITA COLETIVA
– Escritura da história, no quadro (turnos 50 a 62)

Para garantir a transferência do texto, a professora segmentou os enunciados em formas interrogativas e, rigorosamente, reproduziu-os passo a passo na condução de cada etapa. É interessante observar o estatuto deste discurso já pronto, que imprime ao ensino da escrita textual um caráter mecanicista, repetitivo, de reforço, e ainda, por que não dizer, autoritário, na medida em que se coloca como diretivo. A professora assume passivamente a memória discursiva do método: outros lhe dizem o que fazer, o que dizer e ela diz aos alunos o que estes podem ou devem dizer. É a fala *do outro sobre o outro* e não uma fala *com o outro*.

O que chama a atenção é que a primeira etapa da aula, reservada para a apresentação do objeto "boneca", que se supunha pudesse desencadear um momento mais "solto" de conversação, se constituiu, na verdade, num momento também marcado pelo conteúdo e pela forma do texto a ser "repassado". A professora simplesmente fica fiel a seu objetivo: contextualizar pelo texto fabricado as palavras que servirão de fonte para o estudo das sílabas, para, com isso, garantir o ensino do código elaborado de escrita e, junto com ele, um arcabouço textual. Começa então a perguntar coisas não só sabidas por ela, mas também pela audiência, que deve apenas confirmar a experiência. Perguntar: "Que brinquedo é esse daqui? (turno 8). O que é que a boneca faz? (turno 10) O que a boneca diz? (turno 14)" é circunscrever a audiência no discurso da mesmidade, da obviedade, da irrelevância. É não levar em conta informações já compartilhadas e somar a estas outras, que poderiam surgir das experiências históricas dos alunos com e sobre este objeto se um processo interlocutivo fosse viabilizado. É, enfim, não levar em conta outras possibilidades de significação que, naquele momento, poderiam circular se fosse favorecido o "embate de enunciados" (Geraldi, 1989, p. 39).

É verdade que a professora estava pretendendo um contexto concreto para apresentação de seu objeto lingüístico e, ao mesmo tempo, desejava executar a tarefa a partir de experiências e interesses das crianças, tal como o método adotado preconiza. Todavia, ao fazer a série de perguntas que espelhavam a seqüência das estruturas do texto-previsto, situou o objeto-boneca como um elemento abstrato que só veio ali para ser nomeado, para sugerir uma atividade. Pouco interessava a boneca de plástico que estava aí, diante dos alunos, chorando e dizendo "mamãe"; também pouco interessavam as reflexões e comentários possíveis em torno daquela ou de outras bonecas. Interessavam, isto sim, as atividades metalingüísticas a serem propostas a partir do nome "BONECA". Colocando-se na condição de conhecedor único do objeto de ensino e de locutor privilegiado – lugar concedido pela tradição escolar –, a professora ocupa, majoritariamente, os turnos de fala para transmitir o conhecimento e não para ouvir ou favorecer uma interlocução real.

Um exemplo é a fala de Mariana (no turno 20), que tenta dar funcionalidade para aquelas falas, dizendo: "Tia, deixa eu falar uma coisa. Eu tenho uma boneca que o nome dela não é boneca, é Juliana". A aluna tentava falar de uma personagem concreta sobre a qual tinha o que dizer, o que poderia interessar, se não a outras pessoas do grupo, pelo menos a ela mesma. Mas a professora, fiel a sua opção de trabalho, ignorou a fala de Mariana e a usou para introduzir uma informação nova (para os alunos) sobre o texto em estudo: o nome da dona da boneca: "Rita". É claro que no texto "em construção" Mariana não poderia ser a dona da boneca. Primeiro porque o texto já estava formulado; segundo, porque a palavra "Mariana" não constava da relação de palavras a serem trabalhadas; e terceiro, porque a proposta era de introduzir uma personagem que se pudesse nomear. Estes pontos tolhem qualquer tentativa de promover o discurso, pois quebra-se o elo da relação nós, alunos/objeto-boneca/professor, presentes na relação social real para introduzir um "ela" (Rita) e um "ela" (boneca), isto é, elementos virtuais que fornecem ao texto um tratamento impessoal.

Como os objetivos da professora são outros, suas enunciações têm de ser controladas, assim como as dos alunos, para poder "enformar" as falas ao conteúdo dos enunciados do texto previsto. Tanto é que a professora reserva para os alunos o lugar de respondedores, num contexto coletivo de fala, com respostas únicas, monovocabulares, como se pode observar em: A_s: *Boneca*! (turno 9); A_s: *Chora*. (turno 11); A_s: *Mamãe*! (turno 15) e outros.

No entanto, para passar a imagem do texto falseado como autêntico produto construído com a participação dos alunos, a professora necessita de que o aluno assuma este papel de respondedor. Pautada neste entendimento, ela dificulta, nos diálogos, a participação efetiva deles, que têm de reconhecer, confirmar ou adivinhar as enunciações programadas.

Observe-se tal atitude por este recorte de uma outra aula em que o texto era "A bola", e que exemplifica bem esta situação.

[5.04.91]
1 P: O que a 1.ª série pega?
2 A_3: A bola.
3 P: Pega a bola colorida.
4 A: Professora, pega a bola colorida no colo.
5 P: Não, no colo, se pega o neném, a boneca
(Na aula anterior os alunos haviam trabalhado um texto que continha o seguinte enunciado: "Rita pega a boneca no colo." A palavra "neném" também havia sido estudada em contexto sintático-semântico semelhante.)

Talvez a preocupação em ser fiel à memória discursiva do método impeça a professora de refletir sobre o peso de seu discurso como instrumento de poder e regulação. Então, deixa de prestar atenção e de considerar enunciações que os alunos possam vir a expressar. Todos os acontecimentos discursivos têm de corresponder ao que foi previsto como adequado para aquela situação.

No recorte anterior, a fala do aluno no turno 4 não foi aceita porque a informação que ele queria acrescentar era estranha ao que podia circular naquela aula, embora perfeitamente aceitável e representativa com relação ao conteúdo informacional do diálogo. Se ele tivesse ocupado o turno para apenas repetir a enunciação da professora, além de ter sua fala aceita talvez até ganhasse elogio.

Outro ponto importante a ser comentado é a fala da professora no turno 5. Para a palavra "colo" ela havia reservado um outro contexto, já considerado em aula anterior: "Rita pega a boneca no colo." Aceitar "colo" no contexto que o aluno propunha significava fugir ao planejado e, como anteriormente comentado, aquilo que foge ao planejado tem outro destino. Diante desta atitude da professora a criança só pode repetir, se não o mesmo, o mesmo de outra forma (paráfrase).

Exemplificando mais esta questão, transcrevo um episódio da aula representativa quando a professora encaminha a "elaboração coletiva" do texto no quadro.

55 P: Filipi, o que tu achas que deve vir agora?
56 A_F: A boneca é de plástico.
57 P: O que a boneca faz? *(dirigindo-se ao grupo)*
58 A_s: Chora.

Aqui a professora Mila simplesmente ignora a fala de Filipi, apesar de tê-lo interrogado e apesar de esta fala estar, como no episódio anterior, de acordo com os modelos dos enunciados trabalhados em aula, e de apresentar um conteúdo pertinente, de acréscimo, e que havia sido vivenciado pelo grupo (a boneca-objeto trazida para a sala de aula era de plástico).

Apesar de esta ser a primeira vez que Mila tenha se dirigido a um aluno como "tu" e não à coletividade, sua real intenção não era de envolvê-lo na produção do texto escrito. Em função da exposição repetida dos enunciados do texto a que submeteu todos os alunos, pressupôs que Filipi havia memorizado a seqüência das estruturas e dos respectivos conteúdos e fosse, quando solicitado, repeti-los com fidelidade. O que Mila não esperava é que ele concebesse aquela rara oportunidade de fala individual como um espaço em que sua palavra também fosse reconhecida, um espaço em que pudesse também decidir.

Este é mais um fato indicativo de que a professora estava fundamentalmente preocupada em garantir o esquema da aula, a progressão de um conteúdo que foi fragmentado com fins didático-pedagógicos. Mesmo na parte da entrevista (aula representativa), todos os acontecimentos enunciativos veiculados naquele momento foram ignorados porque ficavam à margem do conteúdo lexical e estrutural previsto para o texto a ser "trabalhado" *naquela aula* e para *aquele momento do processo*. E assim o discurso do aluno é produzido no limite do dizer da professora, é dependente do discurso dela. São de conjunto as "orientações" dadas e não de trabalho e valorização a partir de concepções/hipóteses e procedimentos individuais enriquecidos pelo contraponto referencial de parceiros (alunos entre si e/ou destes com o professor).

> Limitar a capacidade do exercício da linguagem é limitar a capacidade desse trabalho individual e social: o regresso na linguagem é o regresso em todas as áreas do conhecimento e sobretudo é uma redução das possibilidades de uma interferência ativa, dinâmica, transformadora. (Eglê Franchi, 1983, pp. 89-90, retomando Franchi, 1977)

Apesar de nesta fase da alfabetização a professora não estar preocupada com um trabalho explícito de ensino de um gênero de discurso, enfatiza, pela indução à "criação" de pequenas histórias, um tipo de escrita textual que configura um modelo. Contando com o poder que hierarquicamente se lhe confere, a professora exerce a habilidade escritural na crença de que o aluno é um sujeito que não apenas ignora o código escrito, mas também não tem uma história de contar, "ler" e, por que não dizer, "escrever" histórias, como já foi demonstrado em muitas pesquisas (ver, por exemplo, Rego, 1988; Perroni, 1992). Isto pressuposto, principia o ensino da escrita registrando pequenas histórias no quadro que devem ser copiadas como atividade construída em "co-operação". As experiências dos alunos com escritura de textos ficam, neste momento, circunscritas à cópia. Pode-se dizer, então, que esta forma de trabalhar, além de fazer com que o aluno incorpore uma forma modelar de texto, leva a intuir um tipo único de conhecimento.

O que se constitui como decisivo para este tipo de situação são certas normas para a escrita ou apresentação de textos/histórias, preconizadas pelo método, principalmente nesta primeira fase da alfabetização, ou seja, para os chamados textos de Cartazes de Experiência. Cito-as: "1. assunto de interesse da criança; 2. seqüência lógica de idéias; 3. linguagem correta e acessível; 4. poucas frases; 5. frases curtas; 6. uma frase em cada linha; 7. pontuação variada; 8. repetição de vocabulário, para melhor fixação; 9. controle de vocabulário – três ou quatro palavras novas em cada texto; 10. encadeamento de fatos entre um texto e outro" (Bittencourt, 1983, p. 40). Também há, para o professor, a título de sugestão, uma parte do manual reservada para o exercício da "técnica de elaboração de textos" (concordante, obviamente, com este conjunto de normas).

O texto abaixo, elaborado em conjunto pelos professores das primeiras séries, o demonstra:

[16.05.91]
          A vaca
Hoje tem sol. Que beleza!
Pedro e Rita olham da janela.
Eles olham uma vaca, lá no capim...
A vaca é branca e amarela.
Ela dá leite.
Pedro corre e pega o leite da vaca.
Ele toma o leite e diz:
– Que leite gostoso!

É interessante observar que nesta forma de condução estão propostas duas orientações até contraditórias: uma de fechamento e outra de abertura. Há abertura quando se prevê adaptação de atividades para o professor, quando se propõe que este viabilize a fala espontânea da criança e trabalhe assuntos de interesse e da vivência dela, bem como a engaje na escrita coletiva dos textos/histórias. Há fechamento na medida em que situa o professor como condutor, controlador e organizador de todo esse processo, treinando-o para graduar atividades, prever, induzir e selecionar unicamente as manifestações lingüísticas orais e escritas definidas em normas e critérios preestabelecidos.

Esta última situação exerce controle sobre a primeira, porque coloca o professor num papel marcadamente diretivo de todo o saber e fazer pedagógico.

Observando os textos produzidos nas primeiras aulas ministradas pela professora A, pode-se constatar a influência desta normatização. Transcrevo abaixo alguns textos que evidenciam estas asserções. Paralelamente seleciono enunciações da professora quando encaminhava a escrita de textos no quadro.

TEXTOS*	ENUNCIAÇÕES
[12.03.91]	
1) O papagaio Maneco	
Maneco é um papagaio.	O que Maneco é?
O papagaio pula no galho.	O que o papagaio faz?
Ele faz cocô.	Ele faz o quê?
Que papagaio levado!	O que que o papagaio é?
	Ele é levado?

* Podem parecer estranhos certos enunciados que surgem nos textos, tais como: a) "Ele faz cocô" (Texto 1); b) "Ela faz cocô e xixi", "A cabra é amiga da zebra" (Texto 2); c) "Ele come bala de uva" (Texto 4), mas estes são pertinentes se considerado o contexto em que foram produzidos. Nos casos a) e b), estando os animais diante das crianças, um fez cocô e o outro cocô e xixi. No local onde os alunos foram levados para verem uma cabra e lá participarem de algumas atividades pedagógicas, havia também uma zebra. No caso "c)" um aluno deu uma bala ao cachorro, que não a recusou.

analisando o processo pedagógico • 37

[18.03.91]
2) A cabra
    A cabra dá leite.   O que a cabra dá?
    A cabra faz: mé...mé...mé...   O que a cabra faz?
    Ela faz cocô e xixi.   Ela faz o quê?
    A cabra é amiga da zebra.   A cabra é levada?
    (Que cabra levada!?)*   A cabra é amiga de quem?

[25.03.91]
3) O coelho
    O coelho é branco.   Qual a cor do coelho?
    O coelho branco corre e pula.   O que o coelho branco faz?
    Ele come capim.   O que ele come?
    O coelho é amigo da 1.ª série.   De quem o coelho é amigo?

[01.04.91]
4) O cachorro
    Dudu tem um cachorro.   De quem é o cachorro?
    O cachorro corre e pula.   O que o Dudu tem?
    Ele come bala de uva.   O cachorro pula?
    O cachorro faz: au! au! au!   Ele come o quê? Ele come bala?
    Que cachorro levado!   O que o cachorro faz?

[15.04.91]
5) A bola de Pedro
    Pedro tem uma bola.   Quem tem uma bola?
    A bola de Pedro é colorida!   Quem sabe escrever o início
    A bola pula, pula!   da história, Pedro tem uma bola.
                                      (Um aluno fala: A bola de Pedro é colorida.)
                                      Não, agora é o início da história.
                                      Quero ver quem adivinha: A bola de Pedro é...
                                      Vamos ver quem adivinhou *(a professora escreve no quadro: A bola de Pedro é colorida!).*

* Inicialmente esta frase finalizava o texto, mas, tendo os alunos manifestado o desejo de incluir uma outra ("A cabra é amiga da zebra"), a professora apagou-a deixando a frase sugerida pelos alunos como final para a história.

Agora quero ver se vocês sabem o que a bola de Pedro faz *(escreve: A bola pula, pula!).*

Preocupada demais com a contextualização e memorização de vocábulos novos aparecendo em contextos de outros já conhecidos, a professora Mila não desenvolve uma prática discursivo-textual. Daí os acréscimos se restringirem ao nível lexical. Os vocábulos são encaixados em estruturas frasais simples, exemplares, sobrepondo-se à riqueza de conhecimentos que poderiam emergir se a polissemia das falas não fosse bloqueada pela "fábrica de textos". A idéia embutida nestes procedimentos é a de que o aluno poderá adquirir mais facilmente o conhecimento estrutural do texto. Por isto, todo o texto apresentado ou formulado nas aulas preserva tal estruturação: frases simples, justapostas, encadeadas pela temática com uma "frase começo", muitas vezes repetindo o conteúdo semântico do título, seguida de algumas outras de informação sobre acontecimentos ou fatos envolvendo personagens, e uma finalizadora, quase sempre exclamativa.

A insistência num modelo de texto (história)* aliada à crença numa aprendizagem adquirida através de repetição, memorização e reforço enformam as diferentes estruturas e tecem, pelo filtro do contexto didático, uma configuração regular, ordenada, geradora de expectativas semelhantes sobre o referente. Esta última observação pode ser exemplificada pelo recorte transcrito a seguir, onde um aluno manifesta, após um mês de aula, ter descoberto as regras do jogo. Estava sendo redigido o texto n° 4 já citado antes (O cachorro). À medida que ia fazendo as perguntas aos alunos, a professora ia escrevendo os enunciados desejados no quadro. Em dado momento, o aluno antecipou-se à formulação de pergunta para o enunciado subseqüente, o último do texto:

---

* Denominação utilizada alternadamente pela professora A no contexto de suas aulas.

[01.04.91]
1 P: O que o cachorro faz?
2 A_s: O cachorro faz au... au... au... *(enquanto a professora redige este enunciado, o aluno se manifesta)*
3 A: Agora é: Que cachorro levado!

A maioria dos textos escritos sobre o tema *animais* terminava com esta frase: Que [nome do animal] levado(a)! O aluno, demonstrando competência no papel que lhe foi e é atribuído, reconhece a estruturação textual.

Outro ponto a ser comentado é quanto à ordem de apresentação dos enunciados. Se nada advir do contexto (vocábulos novos), a professora lança mão do seu pré-texto (pretexto), selecionando e ordenando enunciados na posição que considera mais adequada. Veja-se o recorte abaixo, representativo desta situação. O texto que estava sendo escrito era o número 5, já transcrito: A bola de Pedro.

[15.04.91]
1 P: Quem tem uma bola?
2 A_s: Pedro.
3 P: Quem sabe escrever o início da história:
4 A: ⌈ Pedro tem uma bola.
       ⌊ A bola de Pedro é colorida.
5 P: Não, agora é o início da história.

Como se pode ver, o texto 5 (já identificado) tem como primeira frase aquela que a professora selecionou para ser a primeira. O aluno aqui não percebeu o jogo: a interação não era verdadeira. A "construção co-operativa" era mera reprodução. Se assim percebesse ou se incorporasse à sistemática da aula ele prestaria atenção nas "dicas diretivas" e teria respondido: "*Pedro tem uma bola.*" Pela obviedade do título "A bola de Pedro" é claro que o aluno queira dar seqüência às enunciações, mas a professora insiste na circularidade.

Kleiman (1989b) apresenta em seu trabalho evidências de que a exposição repetida ao texto didático, produto de concepção e de mecanismos de estruturação simplificantes, leva o escolar à formação de um esquema estereotipado, que orienta rigidamente os processos envolvidos na compreensão. Sempre no empenho em ser coerente com a linha teórico-metodológica adotada, a professora tenta produzir um tipo de discurso e atividades práticas que deixam à margem a interação real e nesta a pluralidade significativa, para privilegiar o mero exercício da língua. O resultado prático é a criação de um contexto de produção triplamente forjado. Explico. Em primeiro lugar porque o texto já aparece como objeto construído, apesar de que objetiva ser apresentado, na dinâmica da sala de aula, como objeto em construção. Em segundo lugar, porque o modo como o texto foi produzido não é aquele que vai aparecer na situação de sala de aula – ou seja, o professor vai encontrar, no momento da aula, modo de produção estranho àquele que o originou (como texto pretexto). Desse modo uma terceira situação falseada se instaura: diante de um texto já construído, a professora estimula a (re)produção do texto de modo a que os alunos tenham a impressão de estarem participando de sua criação. Ao aluno cabe, pela interação programada, chegar ao sentido literal do texto em questão. É assim que eles são treinados para produzir o produzido, num jogo de adivinhação. Desconsidera-se, portanto, a sua participação enquanto *co-autores*, artificializando o processo pelo fingimento da escuta de sua voz. É o engodo da interlocução.

3.3 Produção individual

Nesta modalidade a professora ora propiciava um "ensino dirigido" de escrita de textos (terminologia utilizada por ela), ora não. A "opção" por esta conduta aconteceu após ter trabalhado um número significativo de textos, por considerar os alunos, então (na sua maioria), "aptos", isto é, com um repertório vocabular e com uma sintaxe suficiente para escrever pelo menos uma pequena e "boa" história. Este momento marca a passagem do aluno da condição de "escritor de textos coletivos" para "escritor de textos individuais". Ressalta-se, porém, que, enquanto as experiências de escrita não dirigida se constituíam em vivências raras, as dirigidas ocupavam majoritariamente o espaço da escrita individual: havia um momento específico e explícito para o ensino desta modalidade.

É importante relatar, ainda, no que se refere à escrita individual, uma atitude da professora observada no decorrer de todo o ano letivo, e que também influiu neste processo.

Apoiando-se no que lhe faculta o método – ou seja, adaptação e/ou criação de atividades no exercício pedagógico – Mila, no início de cada dia letivo, reservava um espaço da aula para a escrita de *frases do dia* (frases sobre as condições do tempo, escritas logo após a data do dia). Anoto isto porque este momento, para os alunos, representava uma oportunidade de elaborar "histórias". Inicialmente, estas frases eram escritas e sugeridas pela professora; ao longo do ano, foram sendo sugeridas pelos alunos e/ou construídas em parceria com a professora e escritas no quadro por ela ou pelos alunos, individualmente, nos cadernos.

Cito abaixo alguns exemplos com a observação de que coadunam com as normas previstas pelo método, anteriormente comentadas.

PELO PROFESSOR	PELO ALUNO
a) [25.03.91]	a) [25.03.91]
Que sol gostoso!	Hoje tem sol amarelo.
	– Que sol gostoso!
	Juliana diz:
	– Oi, sol.
	(Juliana)

b) [01.04.91]
   Hoje tem sol e vento.
   A 1.ª série diz:
   – Que sol amarelo!
   – Que vento gostoso!

b) [25.09.91)
   Hoje não tem sol gostoso!
   – Que sol levado.
   Mila* diz:
   O sol não vernho barte na natureza!
                              (Rafael)

c) [25.09.91]
   Hoje tem vento gostoso.
   Daniela diz:
   – Que bom o vento jegou.
   Daniela diz:
   – Oi, 1.ª série A!
   Mila olha o vento.
   Mamãe diz:
   – Oi, vento!
   O vento faz: fu...u... fu...u...
   O vento olha a Daniela.
   Rodrigo olha o vento.
   O vento olha o Rodrigo.
   Mamãe olha o vento.
   O vento olha mamãe.
   Papai olha o vento.
   O vento olha o papai.
   Daniel olha o vento.
   O vento olha o Daniel.
   Mila olha o vento.
   O vento olha a Mila.
   Vanessa olha o vento.
   O vento olha a Vanessa.
   Mariana olha o vento.
   O vento olha a Mariana.
   Mariana fala:
   – Oi, professora Mila!

* O nome do professor, quando incluído nas produções, foi alterado.

Daniela diz:
— Oi, professora Mila!
Mamãe diz:
Oi, Mila!

(Daniela)

Em início de abril os alunos tiveram a oportunidade de escrever um texto sem qualquer intervenção da professora (era a primeira experiência de escrita individual). Ela, obviamente, estava apostando nos ensinamentos e, mais especificamente, num trabalho de elaboração de texto realizado duas aulas anteriores a esta, sobre o mesmo tema "cachorro". Para esta aula a professora trouxe um cachorrinho de brinquedo que latia, andava e pulava. Os alunos deveriam observá-lo e em seguida escrever sobre ele. O excerto abaixo mostra a fala da professora no encaminhamento à escrita.

[03.04.91]
P: Vocês vão ver uma coisa e vão escrever. Depois que vocês assistirem vocês vão escrever aquilo que vocês assistiram. Não pode levantar! Ai... ai... ai o que será?
(Mostra um cachorrinho de brinquedo que late, anda e pula. Os alunos riem, falam juntos, se movimentam nas carteiras e a professora sorri.)
Agora, vocês vão escrever sobre o que vocês viram, depois eu conto pra vocês a história e como o cachorrinho apareceu.
(Os alunos iniciam a escrita. Alguns perguntam como se escreve palavras que ainda não aprenderam ou que não lembram.)
Quem precisa de alguma palavra que não aprendeu é só levantar o dedo.
(A professora pega pedaços de papel [bilhetes] nos quais escreve aos alunos palavras por eles solicitadas.)
Agora eu vou contar a história dele.

(Conta de quem é o cachorro de brinquedo, como ele funciona, como os filhos dela [donos do cachorro] o receberam no dia da Páscoa etc.)
   Se vocês quiserem podem escrever algo que o cachorro diz.

Embora o contexto de produção seja outro, novamente não há espaço para a fala do aluno, não há interação significativa que possibilite problematizar e manifestar, pelo discurso oral, uma organização para o seu discurso escrito. O aproveitamento é empobrecido pela unilateralidade e pela perda de um número representativo de outras informações sobre o objeto apresentadas pela professora somente após os alunos terem redigido.

A seqüência da aula ministrada foi planejada. A professora Mila sabia que se os alunos desejassem poderiam escrever um texto à semelhança do número 4. Mostrando o cachorrinho que latia, andava e pulava, eles teriam as mesmas informações, as mesmas palavras trabalhadas anteriormente, o que dispensava envolvimento com outros significados. De mais a mais, eles também poderiam contar com o léxico e a sintaxe das *frases do dia* e de outros textos exemplares cujo conhecimento supunha já automatizado. Se isto tudo não fosse suficiente e os alunos desejassem escrever uma palavra diferente, ainda não apresentada na escola, ela lançava mão da *técnica do bilhete**. "Quem precisa de alguma palavra que não aprendeu é só levantar o dedo." Apesar de nesta situação se colocar numa posição de não-interferência no processo de escrita, não deixa ainda de sugerir para a produção um conteúdo informacional já apresentado em forma de enunciado em outras situações e treinado, principalmente, nas frases do dia: "Se vocês quiserem podem escrever algo que o cachorro diz." Isto é, vocês estão liberados para escrever isto que estou sugerindo.

Represento, por três textos de alunos, as primeiras formas de escrita individual.

---

* Este recurso didático é uma criação da professora, a partir da idéia da técnica do bilhete proposta pelo manual com a finalidade de fornecer aos alunos palavras não trabalhadas em sala de aula, requisitadas por eles durante a escritura dos seus textos.

[03.04.91]
Cleiton

O cachorro faz: au! au! au! au! au!
O cachorro corre e pula.

Ele senta.
Cleiton diz:
– Que levado!

Wagner

O cachorro
Ele corre e pula e faz au – au –
Que cachorro levado.

Juliana V.

O cachorro coelho sol
O cachorro late
O cachorro faz au! au! au!
O cachorro pula
Que cachorro levado.

No conjunto dessas formas oscilam condutas diretivas que ora acompanham todo o processo envolvido na escrita – temática, organização discursivo-textual e aspectos do espaço gráfico –, ora somente partes dele. De qualquer forma, tanto numa situação quanto noutra, o pressuposto é a *predição* e o *controle* do processo.

Transcrevo a seguir uma aula representativa para analisar os meandros desta prática e estabelecer correlações com outras, a fim de, tanto quanto possível, dar uma visão abrangente da condução do processo em questão.

Considerando a extensão da aula (150 turnos), segmentarei o evento em partes, as quais caracterizam momentos específicos do processo. São elas: INTRODUÇÃO AO TEMA, PREPARAÇÃO PARA A ESCRITA (instauração do clima); CONDUÇÃO ORAL PARA A ORGANIZAÇÃO DISCURSIVA DO TEXTO; CONDUÇÃO ORAL PARA A ESCRITA.

I. INTRODUÇÃO AO TEMA
Para melhor contextualizar a temática da aula, faz-se necessário colocar que, na aula anterior, a professora havia solicitado aos alunos, como tarefa para casa, olharem as suas canecas e as desenharem em seus cadernos.

[30.04.91]
1 P: Hoje a nossa história vai ser sobre a caneca... Eu vou colocá a palavra caneca no quadro. Vou botá a palavra caneca no quadro. Pra ninguém, ninguém esquecer como é que se escreve. Só vô botá caneca ca... só caneca. Vou deixar aqui ó.
(Escreve a palavra caneca no quadro-de-giz.)
2 A_s: *(Algumas vozes)*
3 P: Ó, vamos ler?
    A_s Ca... ne... ca
(Alunos lêem soletrando, pois no momento da leitura a professora aponta para as sílabas que compõem a palavra, à medida que as escreve.)

II. PREPARAÇÃO PARA A ESCRITA: (Instauração do clima)
4 A: Tia, é pra escrevê?
5 P: Não. Agora eu queria que vocês baixassem a cabecinha. Baixem, baixem... pra gente pensá nu... na história. Primeiro a gente tem que pensá, pra depois escrevê. Tá, Eric? Vamos pensá?
6 A_s: *(Algumas vozes. Um aluno fala algo, porém, inaudível na fita.)*
7 P: Espera só um pouquinho. Olha, quanto mais a gente se prepara, a história fica mais linda.

analisando o processo pedagógico • **47**

8 A_s: *(Muitas vozes e, novamente, a fala de um aluno se torna inaudível devido à sobreposição das demais.)*
9 P: Espera só um instantinho, querida. Psiu!...
10 A: Margarete!
11 A_s: *(Algumas vozes.)*
12 P: Ô moça? moça? ...
13 A: Ô tia, deixa /
14 P: Grasiela, hoje tu não vai me incomodá! Tá legal?
15 A: Ô tia, eu posso /
16 P: Baixe a cabecinha agora e vai te prepará igual aos outros alunos. Tu também, Eric, baixe a cabecinha pra pensá no que eu vou falar! Tá todo mundo pronto pra começá?
17 A_s: Eu ⌈ pro... ô tia... eu...
　　　　⌊ O Wagner não, nem o Rafael...

III. CONDUÇÃO ORAL PARA A ORGANIZAÇÃO DISCURSIVA DO TEXTO

18 P: Pensem um título bem bonito da história de vocês sobre a caneca.
19 A: *(Um aluno fala o título pensado, porém, na fita, sua fala ficou inaudível.)*
20 P: Espera, meu filho! Se tu já pensasses* espera pelos teus amigos, tá?
21 A: Ah, eu já sei.
22 P: Tá, meu filho, pensa só. Tira o lápis daí, rapaz! *(O aluno cutuca as costas do amigo com um lápis.)*
23 A_s: ⌈ Tia...
　　　 | Karina?
　　　 ⌊ *(Outras vozes)*
24 P: Agora pensem: quem tem uma caneca?

---

* Uso popular do verbo (2º pess. do pret. perf. do ind.) na Grande Florianópolis.

25 A: Karina?
26 P: Psiu! Pensa... só pensa...
(Novamente o aluno conversa e, como fez anteriormente [turno 22], cutuca, com um lápis, o amigo que está na sua frente.)
27 P: Faz o favor!... Quem tem uma caneca? Se a caneca é de vocês são vocês que têm.
28 A_{Er}: Eu não tenho.
29 P: Psiu! Ou gosta... Meu filho, tu acabaste de dizer que tem uma caneca. Se não tem imagina como ela seria.
30 A_{Er}: É... cinza.
31 P: Pensaram já como é que vai ficá o comecinho da história?
32 A_s: Já *(falas arrastadas)*.
33 P: Agora pensem ... Quem deu esta caneca pra vocês? Como é que vocês conseguiram esta caneca?
34 A_s: *(Várias vozes)*
35 P: Psiu! Não fala, só pensa. Filipi ganhou de quem? *(faz referência a um aluno para exemplificar)*
36 A_s: *(Algumas vozes)*
37 P: Psiu! Agora pensem: Como é a caneca de vocês? Se ela é uma caneca redonda? Se ela é... uma caneca diferente? Ela é uma caneca bonita? Qual a cor dela? Ela tem alguns en... enfeites?
38 A_s: Tem *(falas arrastadas)*.
39 P: Ela tem... alça... alça pra gente pendurá? Só pensa.
40 A_s: ⌐ Tem.
　　　└ Não.
41 P: Ela é daquelas especial que tem canudinho?
42 A_s: ⌐ Não.
　　　└ É.
43 P: Daquela que balança pra trás? Ela é de plástico? ou de vidro? ou... ela é inquebrável? Que tipo de caneca é esta que você tem?

analisando o processo pedagógico • **49**

44 A$_s$: *(Várias vozes)*
45 P: Psiu! Que é que vocês tomam na caneca?
46 A$_s$: No copo
Leite
Sorvete
Suco
Coca
Tudo.
47 P: Será... que qualquer fruta? sorvete? leite? refrigerante? café? ... Pensa.
48 A: Leite.
49 P: Quem olha a caneca de vocês?
50 A: Mamãe.
51 P: Ei, lá atrás! Não fala, filho!... Pode ser o nenê, pode ser outra pessoa, pode ser quem quiser. E o que é que esta pessoa diz da caneca de vocês?... Pensa! E vocês gostam da caneca de vocês?
52 A: Eu gosto.
53 P: Será que a Daniela gosta? Será que ela adora?
(A professora indaga sobre a compreensão do dito até o momento.)

IV. CONDUÇÃO ORAL PARA A ESCRITA
54 P: *Então pode colocá o título da história de vocês.*
55 A$_s$: *(Algumas vozes)*
56 P: Espera só um instantinho querida. E a coisa que nós vamos combiná hoje. Não pode levantar-se. Não pode falar que acabou. Se acabou sabe que tem que ler pra ver se está certinho. Pra vê se pode enriquecer mais o que escreveu, tá? Pensa direitinho. Agora deixa uma linha e escreve: quem tem uma caneca? Pode escrever... Pode usar o nome de vocês que são os donos da caneca.
57 A$_s$: Eu não sô dono.
Tia, a minha mãe /

58 P: Ei, ei, um aviso só. Quem não quer esperá a minha direção vai adiante, pode fazer a história toda rápido, se quiser, tá? Se precisá é só dá uma escutadinha no que eu falo que enriquece a história.
59 P: Como conseguiram? Ganhou a caneca de quem?
60 A: Karina?
Do neném.
61 P: *(inaudível).* Vira pra frente e cala a boca. Ouça vocês todos... Primeiro é quem tem uma caneca *(fala após olhar a história de um aluno)... Pode descrever a caneca.* Você já pa... já pa... já escreveram quem tem uma caneca. Como conseguiram esta caneca, né? Quem deu e quem ganhou e agora vão escrevê como é a caneca. O material dela. O material, a cor, se ela tem enfeites. Vamos escrever bem bonito esta parte. ... Na história da caneca vai ter palavras que você não sabe então pode pidi. Tá bom?
62 A: Tia... *(misturado a algumas vozes)*
63 P: Já escreveram? de vidro? a caneca é de vidro? é de plástico? ó... pra ajudá ó..., pra facilitá. Fernanda, pra facilitá quem tem caneca de plástico, vou escrevê a palavra plástico... ó... plás...ti...co a caneca é de plástico. Quem tem caneca de vidro, levanta o dedo! Ó... a palavra vi...dro...ó. A caneca é de vidro. Quem é que tem de louça. Quem é que tem a...a.... a caneca de louça ó... lou...ça... ó.
(Enquanto fala escreve as palavras louça, vidro e plástico no quadro-de-giz. Neste momento os alunos também interagem interrogando a professora sobre questões ortográficas ao estabelecerem correlação entre as palavras escritas no quadro e outras que conhecem.)
64 P: O que tomam na caneca? Pode escrevê tudo o que toma.

65	A:	Suco... suco.
66	P:	Suco. O que mais?
67	A:	Refri.
68	P:	Refrigerante, leite, café.
69	A:	Ô tia...
70	P:	O que vocês quiserem. Água... Pode ser água!
71	A:	É.
72	P:	Depois dou a quem quisé as palavras novas.
73	A:	Ô tia ...
74	P:	Já vai, querida! *(a professora atende a aluna na sua carteira)...* Se não quisé repeti a caneca é, a caneca tem, a gente diz: "Ela é." Assim ó *(escreve a palavra "ela", no quadro-de-giz).* Não esqueçam do "ela", gente. A gente pode substitui, ó. O comecinho ó... Ela é... ou Ela tem...

(A professora passa nas carteiras e dá orientações, distribui bilhetinhos.)

75	P:	Agora o que vocês vão dizê da caneca? Ah, será que alguém olha a caneca de vocês ou vocês mesmos... Alguém olha a caneca de vocês? O que que ela diz? Olha o travessão quando o personagem fala. O que que essa pessoa diz?
76	A:	Arara! arara!
77	P:	Quem pode olhar a caneca, pensa.

(Os alunos conversam, se movimentam nas carteiras.)

78	P:	O aluno que já terminou... o aluno que já terminou, por favor... lê a história todinha, vê se não tá faltando... vê se não está faltando nada. Tá legal? Dá uma olhadinha... dá uma lidinha. Lê... relê... pra vê se não falta palavra nenhuma que vocês querem dizer.
79	A:	Tia, ô tia eu fiz: "A primeira série tem caneca."

(A professora circula pela sala atendendo às solicitações dos alunos.)

80 P: Tem gente que está perdendo a oportunidade de ler a sua história. É tão legal, primeira série, é tão legal a gente fazê uma história e poder entendê-la, né? Então *(inaudível)* lê... lê pra vê se tá faltando alguma coisa. Se tá boa como vocês querem. Se tá linda.
(Muita conversa. Um aluno mostra sua história para a professora.)
81 P: Tá, mas eu não quero a quantidade eu quero é vê se essa história está bonita. Não adianta inventá, colocá coisa que não tem nada a vê com a tua história tá?
82 A_s: Ô tia, ô tia, ... tia... Tia... tia.
83 P: Deu?
(A professora prossegue esta aula propondo aos alunos a ilustração do texto através da história.)

[E.: 18.07.91]
(...) através do texto a gente passa a conhecer a criança, mesmo dentro do tema que a gente dá. E a gente não é bobo. Já dá um tema assim que dá mais liberdade para a criança, tanto das palavras do quadro da mágica*, né... do quadro da sílaba... a gente sempre escolhe os te... us... as palavras mais chaves. Aquelas que a gente acha que pra criança vai ampliá sua idéia, sua imaginação.

Nas introduções, independentemente do tipo de recurso didático-metodológico de opção: conversa, vídeo, leitura, música, escritura no quadro, etc., o objetivo é (re)apresentar uma ou mais palavras-chave para que sejam ou fixadas ou trabalhadas porque já são conhecidas. A escolha do tema é, portanto, uma escolha vocabular. Daí o porquê de verificar-se também

---

* O termo "quadro da mágica" toma o lugar do termo "quadro de levantamento de sílabas" proposto pelo método adotado, o qual estampa as sílabas das palavras trabalhadas. A escolha desta outra terminologia, segundo a professora, é uma forma de "incentivo para a criança".

nesta prática a ênfase na repetição de certos vocábulos (vocábulos-tema) e de certas estruturas sintáticas. Pela primeira atitude, além de se procurar garantir a automatização do conteúdo, quer-se garantir, no âmbito do conhecimento textual, um encadeamento "natural", o qual configure, como resultado, um texto/história com unidade. Pela segunda, busca-se uma predicação para o referente repetido (vocábulo-tema), neste momento supostamente o mais acessível ao nível de desenvolvimento intelectivo das crianças: "As estruturas das frases escritas devem ser simples, iguais às frases orais apresentadas pelos alunos" (Manual, p. 14). O que reforça a idéia de que a fala da criança tem um grau reduzido de complexidade e que a criança é lingüística e intelectualmente pobre, e mais: as estruturas frasais devem ser apresentadas gradualmente, sempre de acordo com um suposto nível de complexidade (no sentido da teoria que embasa esta prática). Desconsideram-se, não raro, os preceitos mais elementares de textualidade.

Pode-se observar pela aula transcrita anteriormente que a solicitação feita às crianças, para que olhassem e desenhassem suas canecas, se constituía unicamente num recurso didático para contextualizar o vocábulo-tema e, assim, referendar o tratamento metalingüístico dispensado às atividades de escrita (situação semelhante àquela observada nas aulas de produção coletiva).

Se a intenção é dar concretude à prática, esta fica restrita à observação ou mentalização do objeto – supostamente comum a todos os alunos – para dele utilizar apenas o nome. Assim, todos têm de "arranjar" uma caneca, mesmo que seja na imaginação (v. turno 29). Não se trata, pois, de dar voz a uma experiência: a experiência é um pretexto para a denominação genérica.

Além do mais, admitir alunos que não possuam canecas significaria desestruturar o conteúdo informacional planejado. Se, para o texto a ser elaborado, realmente fosse considerada a construção contextualizada do sentido e o envolvimento ativo dos alunos, a fala destes, em resposta e confronto à da professora, jamais poderia deixar de ser ouvida, visto que, em se tratando de um objeto pessoal (mesmo que suposto), pode haver, por trás de cada relação indivíduo/objeto, histórias não correspondentes àquelas que a professora deseja ouvir ou falar para escrever. Quando, por exemplo, Eric, no turno 28, referindo-se à pergunta "Quem tem uma caneca?", responde: "Eu não tenho", acredita, pelo menos momentaneamente, que se fala do seu *real*. Aceitar esta intervenção é contextualizar não apenas o objeto, mas a própria produção oral e escrita; é permitir outra significação possível e, por ela, a fala e a escrita de outras palavras e estruturas que são, com certeza, aquelas que o aluno está, se não sabendo escrever (pelas regras da escola), sem dúvida desejando falar, e, supõe-se, também escrever. Mas aqui a professora interpreta o discurso do aluno como um "fora". Ela o subverte, em favor de uma argumentação autoritária: "Se não tem imagina como seria" (turno 29), favorável à padronização de condutas e resultados.

[E.: 18.07.91]
... geralmente, *a seqüência que eu dô* a criança escreve *o que eles sabem*, né? *e mais*, é claro, *a parte individual deles.*

Concebendo a escrita "dirigida" como uma fase necessária para a posterior aquisição de escrita "independente" (termos utilizados pela professora), Mila ministra estas aulas apresentando, depois de trabalhar o tema, uma seqüência de perguntas/asserções organizadas a partir de aspectos referenciais dos textos (quem? o quê? como? onde etc.), a partir dos quais intenciona fornecer um *apoio* ou *ajuda* (como ela diz) àqueles alunos que ainda não assimilaram uma forma de escrever. No entanto, o que a sua prática vai revelar não é uma situação de apoio, mas de *doação* explícita dos textos e imposição implícita – como se pode, por exemplo, observar pela aula antes transcrita.

O recorte de uma outra aula apresenta a manifestação verbal da professora ratificando o seu papel.

[05.04.91]
1   P: [...] Quando alguém fala, o que a gente coloca?
2   A$_s$:   Travessão *(falas arrastadas)*.
(A professora representa, no quadro, o travessão.)
3   A$_1$:   Eu já fiz.
4   P: Se você já fez ótimo. Eu estou orientando os que não sabem.

Às vezes dirige-se à classe toda; outras vezes, somente a um grupo que manifeste interesse. De qualquer forma, é uma prática que se repetirá durante o ano letivo, diminuindo, apenas, o grau de detalhamento e o número de etapas.

Sob o escudo da "ajuda" Mila aproveita para reservar, como o fez na aula sobre o tema *caneca*, momentos de preparação para a escrita. Solicitando aos alunos silêncio e concentração para que pensem sobre o que vão escrever evoca, oralizando, um aporte de informações arrumadas em enunciados interrogativos (já comentado na descrição da produção coletiva) como estrutura ou ordem única para as histórias, que são *suas*, e que reforça no momento da escrita individual dos alunos, como se não houvesse outras perspectivas. É, pode-se dizer, uma espécie de *ensaio oralizado* para que dele os alunos se sirvam e posteriormente reproduzam em registro escrito, como história construída por eles. "[...] Tu também, Eric, baixe a cabecinha *pra pensá no que eu vou falar*! [...]" (turno 16 da aula representativa).

Neste sentido, o domínio da produção fica nas mãos da professora, única conhecedora do mecanismo total da tarefa. Fica assim reforçado o uso do modelo e de certo tipo de texto. No mesmo movimento, são mantidas imagens e posições: o professor pode e sabe, o aluno se submete, atento – relação ideal para transmissão e assimilação eficiente do conhecimento. Tal valor relacional serve igualmente para justificar atitudes autoritárias como, por exemplo, as demonstradas pelo uso insistente de imperativos para dirigir e controlar as atividades. Cito alguns exemplos da aula representativa. "Baixem, baixem..." [a cabecinha] (turno 5); "Espera só um pouquinho."

(turno 7); "Pensem um título [...]" (turno 18); "Psiu! Não fala, só pensa." (turno 35); "[...] Não pode levantar-se. Não pode falar que acabou. Se acabou sabe que tem que ler pra ver se está certinho." [...] (turno 56); "Vira pra frente e cala a boca. Ouça vocês todos..." (turno 61); "Pode escrevê tudo o que toma" (turno 64) e outros.

Um aluno desatento, nesta perspectiva, teria dificuldade de assimilar os conteúdos "transmitidos".

[E.: 18.07.91]
Bem que agora, no segundo semestre... quer ver no último bimestre (referia-se ao último bimestre do ano letivo), *a gente só colhe, pouco a gente dá pra eles. Porque eles já vão numa independência tão grande! É supergostoso trabalhar no final.*

A própria história do discurso escolar – a qual tem privilegiado como forma básica o estilo de comunicação tipo pergunta-resposta – respalda a atitude da professora de encaminhar o ensino. Todavia, a pergunta didática tem aqui um outro propósito. Ao invés de se constituir num meio de estimular operações mentais nos alunos para que estes tenham acesso a conhecimentos desejados ou sejam instigados a buscar outros que ainda não possuam, constitui-se num procedimento utilizado para simplesmente apresentar um conteúdo pronto, linearizado e ordenado em favor de uma estrutura privilegiada pela escola, além de marcar, estaticamente, as posições dos interlocutores. O próprio conteúdo e a forma das perguntas fornecem ao aluno uma espécie de "arcabouço" sobre o qual podem ser realizados encaixes de vocábulos ou predicações. E, caso o aluno necessite de uma palavra ou mais, diferentes, "pode pedi" (turno 61) que a professora dá "a quem quisé as palavras novas" (turno 72) mediante a técnica didática do *bilhete*.

Para melhor visualizar esta situação coloco, lado a lado, as enunciações da professora que antecederam e acompanharam a escritura do texto sobre o tema *caneca*, selecionando apenas aquelas que configuram a organização semântico-estrutural do texto. Posteriormente, esquematizo o suposto arcabouço (preenchível), e coloco a produção de um aluno (Cleiton), o qual rigorosamente acatou a "sugestão de ajuda" da professora. (Dos 26 presentes na classe, 4 seguiram rigorosamente a seqüência dada, os demais propuseram alteração, ou na ordem apresentada ou pela omissão de alguns enunciados em favor de outros trabalhados em outras ocasiões.)

ENUNCIAÇÕES ANTECEDENTES À ESCRITA

18 - Pensem um título bem bonito da história de vocês sobre a caneca.
24 - [...] quem tem uma caneca?
33 - [...] quem deu esta caneca pra vocês? Como é que vocês conseguiram esta caneca?
35 - [...] Filipi ganhou de quem?
37 - Como é a caneca de vocês?

45 - [...] Que é que vocês tomam na caneca?
49 - Quem olha a caneca de vocês?
51 - [...] E o que é que esta pessoa diz da caneca de vocês? [...] E vocês gostam da caneca de vocês? (não recolocada no momento da escrita).

ENUNCIAÇÕES DURANTE A ESCRITA

54 - Então pode colocá o título da história de vocês.
56 - Agora deixa uma linha e escreve: quem tem uma caneca?
59 - Como conseguiram? Ganhou a caneca de quem?
61 - [...] Pode descrever a caneca. [...] agora.
vão escrevê como é a caneca. O material dela. O material, a cor, se ela tem enfeites. [...]
64 - O que tomam na caneca? Pode escrevê tudo o que toma.
75 - Agora o que vocês vão dizê da caneca?
Ah, será que alguém olha a caneca de vocês ou vocês mesmos... [...] O que que ela diz? [...] O que que essa pessoa diz?
77 - Quem pode olhar a caneca, pensa.

ARCABOUÇO
[TÍTULO: SOBRE A HISTÓRIA DA CANECA DE VOCÊS]
[quem? (possibilidade: vocês)] tem [uma caneca]
[quem?]   deu [a caneca] para [vocês]
[quem?]   ganhou de [quem?]
[A caneca] é [de quê? (material, tipo, cor...)]
[quem?]   toma [o quê? (tipo de líquido)] [na caneca]
[quem?]   olha [a caneca]
[quem?]   diz [o quê]
[vocês]   (gostam) [da caneca] [de vocês]

PRODUÇÃO DO ALUNO
[30.04.91]
    A caneca de Cleiton
Cleiton tem uma caneca.

Pedro deu a caneca para Cleiton.

Cleiton tem uma caneca de plástico.
Cleiton toma suco de uva na caneca de plástico.

Pedro olha a caneca de Cleiton.
Cleiton diz:
– Que beleza de caneca Pedro!

Como se pode observar na produção dirigida, a fala da professora também subjuga a do aluno. O texto escrito é conduzido como resposta provocada diante das enunciações interrogativas, o que não permite problematizar a relação dos alunos com interlocutores possíveis (professora e/ou próprios colegas) ou pressupostos (leitor/destinatário), muito menos com o próprio texto que, de seu, terá muito pouco (limitação na escolha e recusa de estratégias de produção). Além disto, atua como um meio de regular operações lingüístico-cognitivas – a criança fica, afinal, sem responsabilidade de operar sobre ele ou a partir dele. São tão fortes estas determinações que o texto, mais que dado, é, sem dúvida, um texto *ditado*.

Pelo recorte de uma outra aula, percebe-se que a professora não esconde esta condição do texto, perpassando nesta sua ação um sentido de equivalência entre texto respondido/texto produzido:

[18.04.91]
P: Agora respondam pra mim. Deixem uma linha do título e façam. Hoje tem sol?
A_s: Não *(falas arrastadas)*.
P: Então escrevam.
A: Hoje tem chuva.
P: Hoje tem sol?
     Hoje não tem sol. Então escrevam.

Há outras situações que retratam o procedimento de preenchimento tipo doação/imposição, com o agravante de que, além de ser oralizado um modelo de ação, este é, no momento da escrita, apresentado no quadro-de-giz, em forma de frases com espaços pontilhados para serem copiados e, posteriormente, preenchidos com vocábulos já conhecidos ou outros fornecidos aos alunos através de bilhetinhos.

Nos recortes de uma aula cujo tema de escrita era "Bichinho de estimação" demonstra-se:

[05.04.91]
(1) P: Agora deixem uma linha e coloquem o título bem no meio da linha. Se o cachorro é de Vanessa pode-se fazer o título: O cachorro de Vanessa [...]
(2) P: Deixem uma linha e escrevam por exemplo, Mila tem... *(escreve no quadro "Mila tem...")* [...]
(3) 1 P: Tiago dá o que para o cachorro comer? Ó, eu vou escrevê Mila... *(escreve no quadro "Mila" e continua a falar e a escrever)* Mila dá o quê? Capim? Leite? ... *(escreve no quadro "Mila dá... para...").*
    2 P: Professora, o que eu boto?
    3 P: Guria, para, para quem? para o gato? para o cachorro?

Observando no terceiro recorte a fala do aluno, é flagrante: primeiro, que quem está elaborando o texto é a professora; segundo, que há dependência por parte do aluno porque, além de ter de conhecer os lugares certos para as palavras, tem de administrar sua linguagem segundo o que é permitido no contexto da escola. Cito alguns resultados especificamente da instrução dada no recorte (3) acima para que se perceba, pelos enunciados escritos pelas crianças que, muitas delas, ao seguir a orientação, se distanciam da linguagem significativa com a qual convivem no cotidiano, para "produzir" uma outra que não o é na mesma medida*. A seguir, transcrevo um texto completo produzido por Plínio. Este aluno mantém até mesmo os pontilhados feitos no quadro pela professora.

FRASES EXTRAÍDAS DOS TEXTOS DOS ALUNOS	TEXTO:
[05.04.91] "Emanuele dá para o leite"	[05.04.91] Plínio tem um cachorr

*A demonstração feita desta forma só é possível porque o texto é construído por frases justapostas.

"Kamila dá leite cachorro" grande, marron
"Fernanda dá para leite gata" Ele está gato casa
"Plínio da gato para" cocô e xixi
"Juliana dá leite" → Plínio dá gato para
 → Plínio olha cachorro e diz:

Certamente estes enunciados jamais ocorreriam na fala dos alunos. Porém, percebendo que o jeito de se expressarem é diferente daquele que estão aprendendo na escola, as crianças escrevem de forma fragmentada e desconexa procurando preencher espaços que significam para a professora mas não para elas. Embora estes resultados possam ser considerados como escritas incongruentes, nada mais são que o fruto do modo como vem sendo trabalhada a língua escrita – considerado, muitas vezes, como falta de atenção. Ainda que a intenção da professora seja de exemplificar, a posição que ocupa na sala de aula faz com que a *sugestão* adquira caráter de *norma*. Além do mais, o aluno sabe que, se não observar as normas da escola, corre o risco de reprovação.

Neste aprendizado de cima para baixo evidencia-se também um rígido controle (constante) do espaço gráfico. Isto pode ser constatado nos eventos aqui já descritos: recortes (1) e (2) do evento citado anteriormente, como também na aula sobre o tema *caneca* (turno 56).

Sem dúvida estas atitudes são uma forma de assegurar um resultado: um texto em observância às normas privilegiadas naquele contexto, associado ao desígnio de não provocar conflitos no aluno quando este ativar seus conhecimentos sobre o objeto em discussão. É uma prática que, pelo temor de que o aluno aplique suas hipóteses e experiências através do "erro", fomenta a reprodução, a dependência, a homogeneização. Tanto que, pelas orientações de conjunto, tenta, inclusive, controlar o próprio ritmo individual de trabalho, autorizando e desautorizando ações sobre os mais diversos aspectos.

Reproduzo quatro recortes de aulas distintas que exemplificam. No primeiro, a professora tenta controlar o pensamento da criança (na aula representativa há outros exemplos); no segundo, trata-se da hora de iniciar a escrita em função da maioria dos alunos; no terceiro, autoriza a inclusão de outras informações ao trabalho individual; no quarto, indica o sentido que considerava o mais adequado para constar no texto de um aluno:

(1º) [30.04.91]
20 P: Espera, meu filho! Se tu já pensasses espera pelos teus amigos, tá?

(2º) [18.04.91]
P: Nós estamos aguardando três alunos terminarem. Deu? Agora a gente vai escrever... Deu? (...)

(3º) [25.09.91]
Nesta aula, cujo tema era "O Sonho", todo o encaminhamento oral foi alicerçado na seguinte estrutura textual: quem sonha? onde sonha? com que sonha? o que acontece no sonho? A certa altura a professora fala:
P: Se alguém quiser falar da noite, se é noite, como está a noite no céu, pode falá, tá legal? Isso fica por conta da criatividade de cada um.

(4º) [9.09.91]
P: Onde o índio vive? Na floresta? Na natureza?
A: É na natureza.
P: O índio vive na natureza.
A: Tia, eu vou botá: "O índio vive na mata."
P: Na natureza é mais bonito, né? Gente, é mais bonito mato ou natureza?

As "liberações" (como já comentei em outras ocasiões) são progressivas e só se dão sob a suposição de já estar garantido um modo de ação. A aula representativa sobre o tema *caneca* retrata muito bem esta situação. Ali o controle foi suspenso somente no momento da condução oral para a escrita, e o foi porque neste momento a professora recolocava mediante perguntas e asserções os enunciados já (supostamente) memorizados na etapa anterior.

>   58 P: Ei, ei, um aviso só. Quem não quer esperá a minha direção vai adiante, pode fazer a história toda rápido, se quiser, tá? Se precisá dá uma escutadinha no que eu falo que enriquece a história.

Diante da situação de subserviência os alunos têm poucas chances: a mobilidade interpessoal é restrita. Além de favorecer imagens distorcidas do processo de produção, ou seja, do texto como transposição da modalidade oral para a escrita fornecida sempre pelo outro (o professor), os conteúdos informacionais são escritos como respostas, portanto em segmentos enunciativos frase a frase, e mais: esta ordem é cambiável ("Se precisá dá uma escutadinha no que eu falo que enriquece a história") e repetível. Com tudo isto, a imagem de facilidade escamoteia a escritura de textos como trabalho que envolve domínio do processo de sua produção, mesmo que seja o da escola. Veja-se:

Uma aluna, a partir do encaminhamento dado na aula representativa, escreveu:

[30.04.91]

A caneca amarela
Ana tem uma caneca.
Papai olha a caneca.
Mamãe deu essa caneca Ana.
Papai toma suco caneca.
Ana diz:
– Que suco gostoso!
Bruno toma suco de laranja.
A caneca é bonita.

(Ana)

Vê-se que ela foi fiel ao conteúdo informacional modelar, mas seqüenciou as informações de outro modo. Para as "sugestões" da professora seu texto deveria ser apenas rearranjado, ficando assim:

> A caneca amarela
> Ana tem uma caneca.
> Mamãe deu essa caneca Ana.
> A caneca é bonita.
> Papai toma suco caneca.
> Bruno toma suco de laranja.
> Papai olha a caneca.
> Ana diz:
> – Que suco gostoso!

Um outro aluno, no mesmo contexto de produção, privilegia as estruturas conhecidas e controladas pela escola.

[30.04.91]

> A caneca
> Eduardo tem uma caneca de vidro.
> Eduardo tem uma caneca de plástico.
> Eduardo tem uma caneca de alumínio.
> Bruno diz:
> – Que beleza de caneca, Eduardo!
> Eduardo gosta da caneca de alumínio.
> Eduardo tem uma caneca do ispaso*.

(Eduardo)

É a voz ecóica sobrepondo-se à possibilidade criativa da criança. O processo de criação espontânea (extraclasse) é inibido em nome de um certo conceito de coerência que tem, no fundo, muito a ver com as condutas sociais.

* Neste caso, "ispaso" (espaço) é uma exceção.

Veja-se na comparação os textos de Willian e Sandra escritos em abril. O tema da aula era "Bichinhos de estimação".

[05.04.91]

O gato levado.
O gato come pexe.
Ele faz: bagumsa.
Ele é um gato umito *levado!*
Willian olha o gato de le.
Ele tem olho verde.
O gato é pequeno, marron.
Ele – faz: cocô e xixi.
Willian te um gato.
Que gato levado.

(Willian)

[05.04.91]

A coelha.
Sandra tem uma coelha.
A coelha é pequena, branco.
Ela está glama
A coelha corre e pula.
Ela faz cocô e xixi.
Sandra dá grama para
coelha.
Sandra olha a coelha e diz:
– Que coelha levada!

(Sandra)

Embora ambos falem de animais distintos de donos também distintos, a perspectiva de um e outro na narrativa é semelhante, com estruturas, vocábulos e expressões idênticos (observe-se parte em itálico). Comparando agora estes mesmos textos com outros recorrentes em situação de escrita coletiva citados naquele contexto, constata-se a reiteração de elementos lingüísticos utilizados naquele ambiente. Há também evidências de incorporação de normas de pontuação pela apropriação do texto-modelo e não como resultado de uma aprendizagem consciente (v. texto coletivo "A cabra faz: mé... mé... mé...", texto nº 2; no texto do aluno "Ele faz: bagumsa." e "Ele – faz: cocô e xixi.")

Para escrever, primeiro o aluno tem de despojar-se de um saber de vida, em nome das expectativas do professor (institucional), marginalizando a sua outra história. Assim, as crianças, como Willian e Sandra, tentam até com engenhosidade encaixar um número restrito de expressões e estruturas numa configuração textual modelar. É a imagem do texto-forma promovendo a escrita parafrástica numa demonstração de formação de identidade coletiva "engolindo" a individual.

Entre malabarismos de liberdades e controles o discurso da professora não deixa de mostrar as marcas desta conduta dúbia pelas retomadas que faz em proveito da homogeneização.

O recorte de uma aula cuja proposta de escrita era responder a uma pergunta incluída no poema "Meu Barquinho" de Klaus Meyer, feita pelo autor, exemplifica com propriedade esta situação.

[18.06.91]
P: O poeta pergunta assim... Psiu! O poeta pergunta assim, pra vocês. E que meu barquinho vai fazer no mar? Vamos dar a resposta pro Klaus Meyer?
A: Vamos! *(poucas vozes e arrastadas)*
P: Depende da imaginação de cada um. Então coloquem assim ó. Mas nós não vamos fazer uma resposta só, tá? Cada um vai fazer a sua. Então eu vou fazer a minha. Todo mundo diz assim ó. Eu ponho Mila, vocês põem...?

A professora tenta impor uma conduta única a todos, amenizando a relação assimétrica pelo uso difuso do pronome "nós" (nesta situação) ou "a gente" (em outras) e, com isso, forja, igualmente, a condição de autonomia discursiva da criança. Coloco, para exemplificar, primeiro um recorte da fala da professora, e em seguida um outro da mesma aula, em que a relação é mais aberta; e um terceiro, mostrando tendência à simetria.

(1) [13.11.91]
P: Hoje nós resolvemos fazer uma atividade diferente.

Neste recorte alunos e professora tentam reconstruir as cenas da história "O mais fantástico ovo do mundo", de Helme Heine, vista no vídeo da escola.

(2) P: A primeira galinha, ela tem uma coisa muito especial nela, quem é que lembra o que era?
A_s: As penas!
A_1: As peninhas!
A_2: A coroa, a coroa!
P: Não!
A_s: A pena, a pena!
A_2: As manchinha.
P: Tá. A pena. Mas ele falou bonito, as manchinhas que tinha na pena dela. A Maricota, a galinha que tinha a pluma, né? a pele... de pena, bem diferente, bem bonita. Quem é que se lembra o que é que a segunda galinha, a Mimi, tinha de especial?

[28.08.91]
(3) A_1: Ô tia, eu sei uma musiquinha da arca. Qué vê? *(o aluno cantarola)* A arca de Noé, tá passando por aqui *(inaudível)* passando por aqui, nã, nã, nã, nã, nã... Não sei tudo, só sei um pedacinho.
P: E onde você aprendeu isso?
A: Na igreja.

Aqui os alunos têm uma participação maior, promovendo um encadeamento menos automatizado. Mas não é sobre este princípio que se desenvolve o trabalho. O professor dirige-se ao grupo; quando é um aluno o alvo, o objetivo é direcionar ou reforçar uma resposta favorável à construção coletiva. É uma forma de silenciar a polissemia e estabelecer a monologia (no sentido de todos falarem a mesma coisa ou quase) – atitude que gera um outro tipo de conflito, o de posições de enunciação. Na hora de distinguirem quem escreve ou escreveu, o que e para quem, as crianças não sabem se o trabalho foi só da professora ou também delas. A fala de uma aluna numa proposta de escrita coletiva é apresentada como demonstração:

[15.04.91]
A: Tia, quem escreveu a história foi todo mundo, né?

Na verdade, como já amplamente visto, mesmo quando a professora conclama a participação e contribuição dos alunos não o faz com o intuito de implementar interação de parceiros e por ela efetivar a negociação dos sentidos. Trata-se de um espaço onde ela se coloca como único pólo de locução. Relevar o outro pólo enunciativo acarretaria interferências indesejáveis. E aqui se privilegia uma conversação programada.

Apesar deste enquadramento metodológico rígido, o aluno tenta se insinuar – às vezes, contrariando a "experiência" privilegiada na sala de aula (turnos 28, 40, 42, 46, 57 da aula representativa). Porém, se sua fala não é ignorada, é marginalizada em proveito da homogeneidade. Veja-se em um outro recorte de uma aula de tema "Amizade":

[05.12.91]
P: Todo mundo tem alguém que é muito amigo.
A: Meu pai.
P: Não, não quero que falem. Não quero que toquem no assunto. Gente, eu quero que vocês reflitam. Não quero que falem agora, sabe por quê? Porque se alguém falá, alguém pode mudar de opinião sobre seu amigo. Eu quero que vocês tenham já em mente o próprio amigo de vocês, aquele melhor. Vocês têm muitos,

mas existe aquele especial. Pensa no amigo especial... Agora vai pensando: quem é esse amigo tão especial da vida de vocês? Por que vocês o consideram tão amigo? [...]

Por esta atitude de limitação, a professora impede os alunos de serem escritores, leitores, ouvintes, locutores. Pelo modo como ela mesma se coloca diante dos alunos, pode-se observar que, como estratégia, se posiciona enunciativamente de maneira diversa: ora na *primeira pessoa do singular* (eu) – quando ordena, interroga, questiona, orienta etc.: "[...] Agora eu queria que vocês baixassem a cabecinha" (turno 5 da aula representativa); ora na *primeira pessoa do plural* (nós) ou "a gente" (já comentado) – quando propõe um convite à ação conjunta procurando atenuar uma postura marcadamente diretiva: "[...] É a coisa que nós vamos combiná hoje. Não pode levantar-se. Não pode falar que acabou..." (turno 56 da aula representativa); ora na *terceira pessoa do singular* (ela) – quando se posiciona como modelo, exemplificando referências: "Deixem uma linha e escrevam, por exemplo, Mila tem... (escreve no quadro: 'Mila tem...')".

Neste contexto, é indicada também a posição enunciativa para o(s) aluno(s): é a nomeação de si próprios e de outras personagens (geralmente virtuais) para, a partir daí, imprimir-lhes predicações já eleitas. Entre os vários exemplos que permeiam a atividade anual seleciono um da aula representativa (em alguns recortes já transcritos neste trabalho também há ocorrências deste tipo).

49 P: Quem olha a caneca de vocês?
50 A: Mamãe.
51 P: Ei, lá trás! Não fala, filho!... Pode ser o nenê, pode ser outra pessoa, pode ser quem quiser. E o que essa pessoa diz da caneca de vocês? ... Pensa! E vocês gostam da caneca de vocês?
52 A: Eu gosto.
53 P: Será que a Daniela gosta? Será que ela adora?

Pelo discurso oral, a professora usa nomes de pessoas da sala de aula (turno 53) ou de personagens virtuais construídas em função de um objetivo didático (turno 51) – situação comentada no contexto da escrita coletiva – para exemplificar o papel que o aluno deve assumir no seu discurso ou representar "suas" personagens.

As próprias perguntas/asserções fechadas fornecem à criança apenas *uma* possibilidade de operar com os sentidos e com as posições de enunciação. Por elas, está explicitamente ordenado: falem de vocês, ou de outras pessoas, sobre isto, desta forma; pronominalizem e prediquem, objetivem a produção porque, neste contexto, este é o jogo.

Pude constatar, em determinada ocasião, alguns momentos de espontaneidade, quando, após a habitual aula de produção escrita individual, a professora introduziu um jogo de "faz de conta", no qual as crianças deveriam personificar-se na figura de um sol e explicarem o porquê da sua ausência naquele dia chuvoso. Brotaram de vários alunos expressões diferentes (até poéticas), distantes da mesmidade. O aluno Rafael assim expressou-se, entusiasmado:

[18.04.91]
"*Posso* falar uma coisa? O sol foi dançar lambada à noite e daí dançou, dançou, dançou, foi embora cansado. Daí... ó chuva faz um carinho pra eu não ficá triste? Eu sou alegre!"

Este mesmo aluno, momentos antes, escrevera:

[18.04.91]

A chuva
Rafael olha a chuva.
A chuva molha a natureza!
Que chuva gostosa!

Certamente – e isto pode ser comprovado – o que as crianças tinham a dizer sobre um dia chuvoso em seus textos extrapolava, em muito, os limites do que podia ser dito e escrito no contexto de falas programadas.

Os princípios que sustentam esta prática, muitas vezes implícitos ou velados nos manuais didático-pedagógicos, mostram-se claros nas palavras da professora:

> [E.: 18.07.91]
> [...] a gente não pode soltar as rédeas, não pode... o vocabulário, né? É claro que a criança esperta vai ampliando da maneira dele e nos textos mostra isso, né? Mostra a individualidade dele e a independência.

Diante disto, cabem alguns questionamentos. E as crianças não consideradas "espertas", segundo a concepção da escola, como ampliarão seu vocabulário? A que individualidade estaria se referindo a professora? A do domínio progressivo do sistema alfabético de escrita e por ele a possibilidade de escrever todo e qualquer texto? Ou a de constituir uma independência enunciativa apesar do que lhe é dado na escola? O fato é que as instâncias de controle, se não boicotam totalmente a possibilidade de o aluno marcar a sua subjetividade, pelo menos a dificultam.

Veja-se um exemplo de como os alunos se colocam em seus textos e como colocam os outros personagens. É o texto de Juliana Cristina, representativo do padrão, cuja marca principal é o *distanciamento*, a começar pela não-enunciação do "eu".

> [30.04.91]
>
> A caneca
> *Juliana* tem uma caneca.
> *Mamãe* deu a caneca *Juliana*.
> A caneca é redonda.
> *Juliana* toma suco de laranja na caneca.

analisando o processo pedagógico

Jean olha a caneca.
Jean diz:
– Que caneca bonita!

A professora ensina primeiro a criança a nomear-se na terceira pessoa ou a outros, através de seus nomes próprios, esperando que, progressivamente, venha espontaneamente a se auto-referenciar ou referenciar outros em circunstâncias discursivas diversas.

Considerando o processo em seu conjunto, foi interessante observar que alguns alunos, apesar do rígido enquadramento, começam a registrar nos textos marcas da sua subjetividade como busca de uma independência enunciativa, à medida que vão adquirindo domínio da tarefa. No entanto, fazê-lo significa rebelarem-se contra o outro (o professor) e contra a paráfrase: estruturas automatizadas, modelo narrativo, léxico circular.

Tomo o texto de Vanessa como exemplo:

[25.09.91]
Para a escrita dos textos nesta aula os alunos tinham de imaginar "um pontinho especial" que significasse algo para eles, representá-lo em um painel exposto na sala e depois escrever a respeito. O tema era decorrente de uma leitura do livro-texto "O Barquinho Amarelo", de Iêda Dias da Silva.

Meu Pontinho Especial

1 *Meu* pontinho é preto e
2 braco.
3 Ele é um cachorro bem
4 pequenininho e be macio.
5 *Vanessa* olha o cachorinho
6 da janela guado chego da
7 escola vou olhar ele da janela
8 *Vanessa* levou ele para tomar

> 9 vacina e ele não chorou.
> 10 Vanessa da comida e
> 11 água ele come um pouquinho
> 12 de comida e um pouquinho
> 13 de água.
> 14 *Vanessa* diz:
> 15 – Que Mamãe queco Pituxo
> 16   E a cabo é o Fim.

Ensinado a nomear personagens e a pô-los no seu lugar para narrar experiências próprias, o aluno manifesta, pelo que deixa registrado nos textos, tensão. *Tensão* entre a palavra dita para fins didático-pedagógicos e uma outra, comunicativa e significativa. Tensão quanto a enunciar-se como locutor – conflito de função enunciativa (eu × ele) –, e quanto à busca de um interlocutor funcional, próprio. Então, tenta *ora* assumir-se como sujeito, auto-referenciando-se pelo viés do próprio nome ou como "ele", *ora* como "eu", num jogo ainda indistinto de posições.

No exemplo, Vanessa se representa usando a máscara de sujeito-narrador ou auto-referenciando-se, revelando um percurso de conflito (observem-se no texto transcrito as partes em itálico). Agora, cria-se o conflito ao tentar reconstruir a autonomia pessoal de que na escola aprendeu a despojar-se.

O texto seguinte, de Juliana R., tomo para demonstrar que à medida que há avanço no letramento, o aluno se dirige mais diretamente a um interlocutor (embora ainda virtual).

> [05.12.91]
> O texto foi redigido a partir da aula sobre o tema "Amizade".

>   A amiga
> 1 Sabe queim é a amiga *você* quer saber
> 2 o nome dela é minha mamãe.
> 3 Sabe Porque *eu* digo que ela é *minha*

4   amiga. Por que ela mida bastante
5   carinho e muito brinquedos
6   *Juliana* diz:
7   – Obrigada por dudo que você mideu
8   muito memos
9   Está chegando o natal é ago
10 ra dia 25 *eu* gostaria de
11 dar um trande abraso e um
12 beijão ta bom?

Outra questão notável relativa à ruptura refere-se à ortografia. A professora A exercia o controle ortográfico fornecendo as palavras novas aos alunos através de bilhetes. Devido a isto, as crianças vinham escrevendo textos higienizados, quase livres de problemas formais. No entanto, na aventura de colocar a marca de sua pessoalidade, a criança manifesta as suas hipóteses, deixando retratado pelos enunciados onde está a escrita reprodutiva e onde está a outra, a espontânea. Nos textos de Vanessa e Juliana R., a exemplo de muitos outros, encontram-se estas marcas: no primeiro, pelas palavras e expressões "braco/branco" (linha 2), "be/bem" (linha 4), "guado chego/quando chegou" (linha 6) e outras e, na segunda, "queim/quem" (linha 1), "mida/me dá" (linha 4) etc. Além destes exemplos, vou representar por um outro texto, o de Fernanda, esta situação mais marcada.

Abaixo transcrevo ortograficamente o mesmo texto.

[13.11.91]

As galinha.
Hoje o dia setá bonito.
As gainha ganham uva e jenpanha...
A uva é gostosas.
O jope e tambéi é gostosos.
A galinha Coricota é a masi bonita.
A galinha Marisanla é masi denla.
A galinha Cocota é a masi Colorida.

> O pricipe e o rei do palácio.
> A pricesa vai casade com o rei.
>
> As galinhas
> Hoje o dia está bonito.
> As galinha ganham uva e champanhe...
> A uva é gostosas.
> O chopp é também é gostosos.
> A galinha Coricota é a mais bonita.
> A galinha Marisanla é mais bela.
> A galinha Cocota é a mais Colorida.
> O príncipe e o rei do palácio.
> A princesa vai casa com o rei.

O que Fernanda escreve a partir de suas hipóteses é resultado do distanciamento das orientações do professor, de uma busca pela *palavra própria*. Ali já se encontram as marcas de uma pessoalidade pela tentativa de independentemente escrever a *idéia* e não a *palavra treinada*.

Embora desde o início do processo seja reforçado o ensino de textos pelo modelo e estimulada a aprendizagem pela cópia, repetição e memorização, os textos como produtos subjetivados são um resultado esperado a longo prazo. Verifique-se o que diz a professora:

> [E.: 18.07.91]
> "... esse aluno que se *liberta*, ele vai muito além. Eu dô muito valor ao que ele escreve..." (grifo meu)

A consciência subjetiva é "aceita" e esperada, mas não é *desenvolvida* enquanto princípio metodológico. É só na medida em que a professora diminui o controle nas orientações pedagógicas e o aluno adquire maior domínio da tarefa, que este tenta penetrar na escrita para ficcionalizar-se como sujeito autor.

Entre os que conseguiram se "libertar" (termo da professora) está Cleiton, citado como exemplo no início desta seção.

analisando o processo pedagógico • 75

Todavia, o que o estudo longitudinal mostra é que esta libertação não é definitiva. Para comparar, acresço aos exemplos citados os dois últimos textos de Cleiton. A primeira produção foi solicitada após os alunos assistirem ao vídeo "O mais fantástico ovo do mundo", da Coleção Ipê Amarelo, com texto e ilustrações de Helme Heine. A segunda era sobre o tema "Amizade", discutido em aula.

[13.11.91]

O reino das galinhas
O rei quis fazer uma competição
gas galinhas pedindo para ver quem
pôs o ovo mais bonito do mundo.
A galinha Julianinha pôs o ovo brilh-
ante. E a galinha Pipininha pôs
o ovo mais grande. Mais a utima
galinha não teve sorte porque
ela pôs o ovo quadrado.
FIM

[05.12.91]

AMIZADE
AMIGOS
Rei, você é o cachorro único que
eu tenho, sabia amigão?
Rei late:
– Au! au! au! au! au!
Cleiton fala assim:
– Calma Rei, eu já vou!
Rei fica calmo e late assim:
– Au! au!
Cleiton pega a qüia do Rei para
passiar nesta noite de natal

> E Rei gostou deste passeio na noite de natal.
> Ele está muito contente com o seu amigão.

Enfim, foi possível constatar ao longo do processo uma negação das características básicas de emprego da língua; conforme foi demonstrado, tanto na produção coletiva como na individual (dirigidas ou não), há forte tendência para a falsificação das reais condições de produção. Resultado que pode ser explicado pela *concepção* de linguagem que sustenta o *método* e o trabalho do professor.

A precedência da fala do professor sobre a do aluno, a exposição de enunciações repetidas bem como a incidência de perguntas circulares e referenciais comprometem profundamente o acontecimento interlocutivo.

As pessoas aí envolvidas não se situam numa relação de co-enunciação. O processo discursivo é mínimo. Já está definido quem tem direito a voz e que enunciados serão aceitos. A proposta de diálogo preconizada no método é viesada, ou compreendida apenas como uma teatralização (faz de conta). Resulta daí o discurso assimétrico, onde apenas o eu-locutor assume o seu papel, desarticulando o que é característico da interlocução, isto é, a eqüidade dos papéis.

Neste jogo, a criança tem sempre de estar alerta para responder aquilo que o professor "quer" ou "deseja" ouvir. É um tipo de relação que recusa à criança aceder à sua memória discursiva, sua memória intelectiva. Há um saber não só sobre objetos, coisas, fatos, mas sobre o próprio "contar" e escrever que poderia monitorar novas atitudes, estabelecer novos espaços discursivos nesta relação que, propondo se ser de ensino e de aprendizagem, deveria ser via de mão dupla.

Com efeito, como poderia um método construído com base numa concepção estruturalista favorecer, no contexto de produção escrita, um momento de liberdade enunciativa onde os múltiplos sentidos possam se manifestar, se a forma de trabalhá-los é única e se, conseqüentemente, o sentido é um só? Aqui, ao falsear o modo real de produção, o professor sonega aos alunos o processo criador, o trabalho que só uma ação efetivamente interlocutiva é capaz de deixar transparecer e de sustentar. Daí que a artificialidade dos textos não se resume apenas numa linguagem fabricada para fins didático-pedagógicos (seja dos manuais, seja de textos fabricados a partir deles), mas inicialmente na própria linguagem que veicula a formação destes produtos.

Mutatis mutandis, é conveniente a reflexão de Geraldi (1991, p. 220):

> ...não é pela sistematização de conhecimentos já produzidos por outrem que se forma uma atitude de pesquisa. Mais facilmente esta sistematização produz sujeitos que repetem e não sujeitos que buscam construir seus próprios pensamentos. A busca do já produzido não faz sentido quando a reflexão que a sustenta é sonegada a quem aprende. Esta busca deve ser resultado de perguntas e de reflexões e não de mero conhecimento do conhecido.

4. PROFESSORA B: CONSTITUINDO A SUBJETIVIDADE

4.1 Um pouco da sua história

> [E.: 19.07.91]
> ... a partir do momento que eu abandonei a cartilha e abandonei as sílabas, né? mudou tudo, porque aí eu tive que buscar uma nova maneira de alfabetizar.

Convivendo com as práticas tradicionais de alfabetização estão as denominadas *alternativas* ou *experimentais*.

Nesta última categoria situo o trabalho da professora B (fonte de minha pesquisa), a qual tem procurado projetar para o processo de ensino-aprendizagem da leitura e escrita uma ação diferenciada da que vinha desenvolvendo, ou seja, a alfabetização pelo método silábico, mediante os passos sistemáticos preconizados em uma cartilha.

É, portanto, em função desta proposta de um novo trabalho que decidi observar a sua prática para nesta analisar, em específico, a pedagogia da produção textual escrita.

Insatisfeita com o trabalho que vinha desenvolvendo, e, por isso mesmo, não alheia aos avanços teóricos e às experiências que destes decorriam, a professora decidiu redefinir e reorientar sua prática, numa iniciativa pessoal e não por orientação ou imposição de órgãos oficiais da educação. Estes tiveram influência viabilizando o acesso às novas investigações e trabalhos na área da alfabetização e, com isso, pondo à disposição um suporte teórico-metodológico indispensável.

A proposta que decidiu pôr em prática nos primeiros anos assentava-se, basicamente, em pressupostos cognitivistas piagetianos. Uma contribuição que, sem dúvida, é considerada como a desencadeadora de outras se configura nos trabalhos das pesquisadoras Emilia Ferreiro & Ana Teberosky sobre a psicogênese da língua escrita, principalmente as publicações de Ferreiro (1985) e Ferreiro e Teberosky (1988), assim como para o aspecto mais pedagógico da questão, os trabalhos e investigações de Teberosky sobre psicopedagogia da língua escrita (1990) – os primeiros com a influência da teoria geral dos processos de conhecimento de Jean Piaget e o segundo, além desta influência, com as contribuições de Vigotski no aspecto das relações sociais. Aqui aparece a perspectiva sociointeracionista da aquisição da linguagem.

Outra parcela significativa de contribuição são os trabalhos que, no Brasil, refletiram sobre as teses destas autoras, principalmente sobre a psicogênese da língua escrita. Entre estes, os que mais influenciaram a prática da professora foram os de Terezinha Nunes Carraher (Recife), Lúcia B. Rego (Recife), Telma Weisz (São Paulo) e, mais diretamente, a proposta didática de alfabetização elaborada pelo grupo GEEMPA (Grupo de Estudos sobre Educação – Metodologia da Pesquisa e Ação), de Porto Alegre.

Recentemente, seu trabalho tem sido reorientado com vistas a uma concepção sociointeracionista de linguagem e ensino-aprendizagem a partir dos trabalhos de Vigotski (1979, 1991) e Bakhtin/Volochinov (1990) já manifestada no plano de curso para o ano de 1991.

Se, contudo, o contato na sua totalidade não se deu pelo acesso direto a esses trabalhos o foi, com certeza, através de cursos, encontros, seminários, palestras, operacionalizados a partir do mesmo acervo, e de outros materiais, como a própria Proposta Curricular da Secretaria de Estado da Educação de Santa Catarina (SSE-SC) (1991) e elementos fornecidos por setores da Secretaria.

Deve ser ressaltado, no entanto, que o conjunto de orientações práticas proposto pelas didáticas do grupo GEEMPA (didáticas do nível pré-silábico; 1985, do nível silábico – sem data de publicação; do nível alfabético, 1987), a professora B reconhece-o não como verdade definitiva, repetível como modelo de trabalho – mesmo porque essa proposta não se define assim –, mas como sugestões a serem processadas, na construção específica de cada prática, num contexto sócio-histórico e cultural determinado.

[E.: 19.07.91]
a gente* foi criando e desenvolvendo o nosso trabalho, né? adaptando à nossa região, ao nosso tipo de criança, mas muita coisa nós tiramos dali [refere-se ao material do GEEMPA]. Só que a gente não ficou assim preso naquilo ali. Eu não fiquei presa naquele material. Serviu como suporte, né? Alguma coisa, alguma dificuldade que eu tinha, eu pesquisava naquele livro.

Este trabalho do GEEMPA, com mais intensidade que outros a que teve acesso, serviu, portanto, como suporte, ponto de referência tanto para sugerir e encorajar um início, como para oferecer subsídios nas dúvidas, dificuldades e inseguranças que se delineavam no corpo da prática em construção.

A busca visava a uma prática passível de sofrer mudanças no dia-a-dia das relações estabelecidas entre os locutores da sala de aula e o objeto de conhecimento, através de um conjunto de atividades de linguagem tecidas por um discurso cons-

---

* Refere-se também a uma colega que fez curso em Porto Alegre com o grupo GEEMPA, que nesta mesma instituição desenvolvia esta proposta na classe pré-escolar. Ressalto que em turmas de 1ª série a professora B estava sendo pioneira.

truído na singularidade destas *ações* e *inter-ações*. Aqui, nenhum dos lados se apresenta como totalmente conhecido e conhecedor. Professores e alunos são, ao mesmo tempo, produtores e aprendizes de conhecimentos.

Para desencadear o seu trabalho a professora propõe-se, então, observar as falas, atitudes, reações e conhecimentos dos alunos. As intervenções, alheias às censuras, controles rígidos e imposições, objetivam privilegiar a criação de situações que possibilitem à criança experimentar, descobrir, criar, e até ousar quando em interação com o objeto de conhecimento, mediada pelo outro – que pode tanto ser o próprio professor como os colegas – nos intercâmbios imediatos da pequena comunidade discursiva que é a sala de aula.

O ponto de partida da prática é, por conseguinte, a realidade lingüística da criança, isto é, seus conhecimentos lingüísticos manifestados em situações enunciativas concretas, de fala, leitura e escrita. Isso significa que uma das preocupações desta prática alternativa é ultrapassar aquelas que ignoram ou rechaçam o aluno como "sujeito cognoscente" que tem idéias e conhecimentos sobre leitura e escrita antes do acesso ao ensino sistematizado, e que os assimila através de certos "esquemas conceituais", bem como rechaçam ou ignoram o universo sócio-histórico da criança e as manifestações variacionais de linguagem. A evidência desta preocupação pode ser observada pela fala da professora quando diz:

> [E.: 19.07.91]
> uma das coisas que de melhor que tem nesse trabalho é que nós damos oportunidade pra criança falá, pra criança se expressá, pra criança escrevê pra colocá pra fora aquilo que ela tem... que ela traz de... de casa, outras bagagens, outras coisas que ela traz de casa. O que geralmente na escola, isso não acontece na escola tradicional.

Neste contexto está, pois, viabilizada a desestabilização dos papéis sociais do professor e do aluno, assim marcados pela tradição escolar: o professor é o locutor responsável pela transmissão gradual de conteúdos segmentados por nível de complexidade e o aluno, o ouvinte (e não propriamente interlocutor), é aquele que tem de estar sempre pronto a receber e reter aqueles conteúdos. Tais conteúdos podem, na singularidade de cada situação de ensino, ser confirmados e reforçados ou questionados e negociados. A língua escrita, por sua vez, é introduzida em toda a sua complexidade, isto é, sem fragmentações, dosagens ou níveis de complexidade predeterminados.

[E.: 19.07.91]
Nós trabalhamos todas as sílabas juntas e a gente não fica dosando do mais fácil pro mais difícil. Não existe esse tipo de dosagem, né? É trabalhado o todo.

Daí por que o texto é utilizado como o propulsor do ensino da leitura e da escrita sendo considerado como a unidade de sentido mínima para processar a alfabetização, independente de se tratar de uma frase, expressão ou apenas uma palavra. Esta é a forma da qual a professora se vale para não tirar as palavras de seu contexto, garantir sentidos e (por que não?) ressonâncias ideológicas. Esta compreensão propicia um trabalho em duas perspectivas: a aquisição da língua pela *compreensão do seu modo de representação*, e também quanto aos *aspectos textuais-discursivos*.

O contato inicial da criança se dá com a linguagem contida nos textos lidos, escutados, recontados e escritos, veiculados na sala de aula por materiais impressos ou construídos coletiva ou individualmente. Nesta proposta, todo aluno é considerado leitor e escritor em potencial; quando vem para receber instrução escolar, portanto, no momento emergencial da alfabetização, ele já pode manifestar os *esquemas conceituais* construídos independentemente da escola: ele tem condições para processar novos conhecimentos sem interromper o processo lingüístico-cognitivo que já vinha empreendendo.

Crê-se, portanto, nesta perspectiva, que a criança aprende a linguagem ao interagir com ela, através do outro, sem necessidade de instrução específica, projetada num discurso prévio.

4.2 Organização didática global*

Rose inicia o processo de alfabetização viabilizando, primeiramente, situações de escrita coletiva, através da reescritura de textos narrativos da literatura infantil lidos em sala de aula por ela, ou por um aluno**.

Neste primeiro momento, a professora assume o papel de "interlocutora e escriba" (Smolka, 1988) para, a partir desta posição, organizar e registrar no quadro-de-giz as idéias e opiniões dos alunos referentes ao "o quê" e "como" escrever os recontos das histórias lidas (produção coletiva).

Após cada escritura, o texto-produto é lido em leitura coletiva ou individual. Posteriormente, é mimeografado e distribuído para os alunos, propondo-se a partir daí atividades artísticas (desenhos, colagens) e de sistematização do código escrito (atividades com: palavras, sílabas, letras etc.). Em algumas situações são desencadeadas atividades no próprio quadro-de-giz. Desse modo a professora permite que crianças em "níveis conceituais" diferentes possam manifestar, confrontar e avançar suas hipóteses sobre o objeto de conhecimento.

Um dos textos produzidos coletivamente a partir do livro "A vaca Rebeca" de R. Siguemoto & Martinez (1989) – lido pela professora e, posteriormente, comentado pelo grande grupo para produção coletiva – foi:

[05.03.91]
    A VACA REBECA
  A VACA REBECA GANHOU NA LOTECA
UMA LINDA CUECA.

---

* Por ora me limitarei a descrever de forma panorâmica os encaminhamentos para a produção de textos escritos. Posteriormente, descrevê-los-ei em detalhe a partir de aulas exemplares, as quais representam estes momentos de prática.
** Como já trabalhara com a maioria dos alunos no pré-escolar (no ano anterior, a professora havia ministrado para a mesma turma o curso pré-escolar) e usara a mesma orientação metodológica, alguns estavam lendo e escrevendo alfabeticamente. Donde algumas leituras poderem ser feitas por alunos. Ressalto também que embora muitos ainda não tivessem domínio da leitura e escrita convencional, já podiam manifestar suas "intenções" de leitura e escrita.

ELA FALOU:
– O QUE EU FAÇO COM ESSA CUECA? A VACA REBECA SONHOU COM A BONECA SONECA.
ZECA CARECA QUER TROCAR ESSA CUECA PELA MINHA BONECA SONECA?
ELES TROCARAM E FICARAM FELIZES.
FIM

1ª SÉRIE

Seguindo esta prática de produções coletivas a partir da literatura infantil, a professora começa, paralelamente, a introduzir outras situações para trabalhar a escrita de textos – por exemplo, experiências pessoais ou ouvidas extraclasse, atividades ou fatos concretos ocorridos em sala de aula ou em outros ambientes, histórias contadas etc. – e a incitar os alunos a escreverem seus textos individualmente.

O primeiro convite foi feito após a leitura e comentário da história "A bota do bode", de Mary França & Eliardo França (1984). Foram distribuídas folhas em branco para a experiência. Os que não desejavam escrever podiam desenhar. Dos vinte e oito alunos presentes sete fizeram a tentativa. Apresento duas, através dos textos de Klaus e João Tiago.

[14.03.91]
KLAUS

A BOTA DO BODE
BOTA DO BODE ASO U I PA D BOTA COBRO. 3 PATS
14/03/91

Bota do bode achou um par de bota sobrou três patas.

JOÃO TIAGO

A BOTA DO BODE
O BODE VIU UMA BOTA.

> O BODE BOTOU A BOTA NIUMA PATA E FICOU
> MUNTO GOSÁDO O BODE DEU A BOTA PARA O RATO O
> RATO CIPERDEU DENTRO NA BOTA O RATO DEU A
> BOTA PARA O GALO O GALO NAU COMCI QIU ANDAR
> O GALO DEU A BOTA PARA O GATO O GATO FALOU
> Á. UMA BOA CASÁ UMA CASÁ FALOU O GATO
> AÍ GEGOU A GATA E FALOU É UMA BOA
> CASA PARA NO SOS GATIOS JOÃO TIAGO 14.03.91.

De maneira sutil e progressiva, a professora vai, nas aulas subseqüentes, encorajando os alunos para que tentem escrever, pelo menos uma palavra ou frase. Rose, quando se dirigia aos alunos, falava assim: [25.03.91] "Quem quer escrever na folha a história da cestinha?* Só? E os outros?"

Logo, em outras aulas, vai propondo mais incisivamente: [01.04.91] "Agora cada um vai receber uma folha e vai escrever uma história sobre Leleco**. Todo mundo vai tentar fazer."

A esta altura todos já tentam escrever, mesmo que seja apenas a cópia do título que sempre é colocado no quadro-de-giz, ou seu próprio nome e data, ou ainda, outras palavras ou frases. Mesmo assim, a professora insiste: [09.04.93] "Nós vamos ver hoje aqueles que estão um pouco envergonhados se vão escrever suas histórias hoje bem bonitas. Eu quero ver qual o aluno que vai caprichar na história." Abaixo, uma amostra desta tentativa:

> [01.04.91]
> TAYSE
>
> O COELHO LELECO
> 1-4-91 CHLOE 4 LECQ ECEO COESO DCETC TOSELJ EUDEH SCESUR

---

* A escrita da história da cestinha foi solicitada após as crianças confeccionarem uma cesta de Páscoa e conversarem sobre a atividade desenvolvida.
** Leleco era um coelho que foi trazido para a sala de aula para que as crianças tivessem contato com o animal, explorassem conhecimentos a respeito deste e de outros coelhos antes de ser solicitada a escrita da história.

```
OLOFE DQAQ RMEN NAYSE QSÁTI TSDUE SBEUR
LÁOF QDÁFD IQBRHESNSCNH SEFQJÚTRSEB LCSBUR
UOA 2 TASE BIQRIRPSHADVD SEFQÚCR
QASETQ OCOELHOIRLPHADAS E QRFÚCM
ASECLE DCOELQIR PHNAOSE QERFUCMA RCIBELBS
SECLH PTQQHRCERPMNDCASQPFRC
SOUCOELHO LPHCEPMOCA
ATILENHLDLPCE
RIO DOOUROTUEMEBI LEL
```

THIAGO COSTA

O COELHO LELECO 1-4-91 | CAPI - THIAGO C

COELHO
LICO 2 DUASORELA

O coelho Leleco 1-4-91 | capim - Thiago C
Coelho
Leleco 2 duas orelha

MICHELLE

O COELHO LELECO 1-4-91 NOME: Michelle
O COELHO E FOFINHO ELE COME CAPIN E RAÇÃO
E CENOURA ELE É BONITINHO ELE FICA ESPANTADO
QUÃNDO ELES FICÃU GRITÃNDO ELE TEM
DUAS ORELHAS OS OLHOS DO LELECO SÃO
AZUL O COELHO TEM DUAS CORES
SINSA E BRANCO
FIM
                      1ª SEIRE

A partir destas situações começa também a se configurar uma nova organização, a qual perdurará até o final do ano letivo (acoplada àquela que já vinha sendo desenvolvida).

Para melhor visualizar na sua totalidade os procedimentos adotados pela professora agora incluídos outros, e além disto, poder organizar uma análise mais detalhada da sua prática, procedi a uma divisão que pretende caracterizar os diferentes momentos deste trabalho pedagógico, ficando assim subdivididos e nomeados:

> I - O DISCURSIVO COMO REFERENCIAL PARA A PRODUÇÃO INDIVIDUAL E COLETIVA
> 1.1 - Apresentação temática
> 1.2 - Discussão envolvendo a temática selecionada
> 1.3 - Orientação para a escrita individual
> II - PRODUÇÃO ESCRITA INDIVIDUAL
> III - PRODUÇÃO ESCRITA COLETIVA
> IV - OUTRAS ATIVIDADES LINGÜÍSTICAS A PARTIR DO TEXTO COLETIVO PRODUZIDO*

Nas primeiras aulas (para ser exata, em apenas duas) não fazia parte do item I o subitem 1.3, como também o item II.

É nesse enquadramento de prática pedagógica que vou tomar uma aula representativa, abrangendo os momentos que dela fazem parte e que dizem respeito, exclusivamente, ao processo de produção textual escrita para, a exemplo do que fiz em relação à professora A, proceder à análise procurando igualmente correlacionar, quando pertinente, os eventos da aula representativa com outros de outras aulas. Vou subdividir na parte I ("O discursivo como referencial para a produção individual e coletiva") o item 1.1 sobre a *apresentação temática* e o item 1.2 que envolve a sua discussão, em função de enquadramento de *seqüências interativas* referente às diferentes abordagens ao mesmo tema em discussão. Este procedimento serve também como critério para cortes a serem efetuados já que, na totalidade desta aula, constam 332 turnos; além do mais, favorece a organização para posterior análise.

A aula que selecionei como representativa tem como tema "Água", com enfoque sobre a importância deste elemento para o ser humano. Como configuração sumarizada, a aula fica assim organizada:

---

* Como este item não faz parte do objeto específico de estudo deste trabalho, deixa de ser analisado neste contexto.

I - O DISCURSIVO COMO REFERENCIAL PARA A PRODUÇÃO INDIVIDUAL E COLETIVA
1.1 - Apresentação do tema
   1.1.1 - Retomada do conteúdo "Ar" dissertado em aula anterior
   1.1.2 - Apresentação e delimitação do novo tema
1.2 - Discussão envolvendo o tema selecionado
   1.2.1 - Levantamento de idéias, opiniões sobre a importância da água (oral e escrito)
   1.2.2 - Retomada do levantamento: leitura, novas discussões e acréscimos de informações
1.3 - Orientação para escritas individuais
II - PRODUÇÃO ESCRITA INDIVIDUAL
III - PRODUÇÃO ESCRITA COLETIVA

A aula
[16.05.91]
I - O DISCURSIVO COMO REFERENCIAL PARA A PRODUÇÃO INDIVIDUAL E COLETIVA
1.1 - Apresentação do tema

   1.1.1 - Retomada do conteúdo "Ar" dissertado em aula anterior

(A professora Rose retoma o conteúdo dissertado na aula anterior, trazendo à tona alguns pontos fundamentais: o ar é invisível, respirável, intocável, imprescindível à vida; relação entre oxigênio, árvores e ar.)

1 P: [...] Então nós vimos bastante coisas sobre o ar não foi? Nós observamos... fizemos experiências... observamos que o ar é invisível.
2 A: A gente senti o ar.
3 P: Senti o ar como, ô Juliano?
4 A_J: Ã, ele vira vento.

5	P:	O ar quando ele está em movimento ele é o vento. O vento é o ar em movimento. Então quando tá tudo paradinho, a gente diz que não tem vento. A gente não sente o ar batê, mas o ar existe, não existe?
6	A_s:	Existe.
7	P:	E continua existindo. E o que mais que o ar ocupa lugar o espaço... ao redor da gente? ... A gente tem o espaço... o ar ocupa espaço ao redor da professora?
8	A_1:	Não.
9	P:	Ele não ocupa espaço?
10	A_s:	Ocupa. *(manifestações tímidas)*
11	P:	E se eu enchê um saco de papel?
12	A_1:	Aí.
13	A_2:	Aí ele.
14	P:	Mas aí quando é que vocês sabem que ele está ocupando espaço?
15	A_J:	Porque ele tá gordinho.
16	P:	Ah, porque ele tá gordinho! Porque aí dá pra vê que ele tá cheio. Então o ar ocupa um espaço na terra, né?
17	A_P:	Quando enchê o balão.
18	P:	Quando a gente enchê o balão... O ar a gente vê que ocupa espaço, né?
19	A_D:	Ou um saco.
20	P:	Ou um saco que é a experiência que nós fizemos na sala. Hoje nós vamos trabalhar... a gente já trabalhou bem o ar. Isso aí vocês não esquecem mais, né?
21	A_s:	É. Não.

1.1.2 - Apresentação e delimitação do novo tema

22	P:	Já faz tempo que a gente trabalhou e vocês lembraram do que trabalharam. Hoje nós vamos

		trabalhar outro elemento da terra que a gente também precisa desse elemento, precisa muito. O ar é um elemento da terra que nós precisamos, porque sem ele nós não podemos?

23 A_s: ⎡ Viver.
⎣ Vivê.
24 P: Viver, porque a gente não consegue respirá. Outro elemento que nós vamos trabalhar hoje, que nós vamos conversá que esta semana aconteceu aqui... em grande quantidade, na segunda-feira... O que que aconteceu na segunda-feira que... que muitas... que muitas crianças ficaram em casa?... o que que aconteceu?
25 A: Porque cho... choveu, né?
26 A_s: *(Algumas vozes)*
27 P: Choveu na segunda-feira?
28 A_s: Choveu.
29 P: Choveu?
30 A_s: Choveu.
31 P: E essa chuva que cai do céu o que ela é?
32 A_s: É água.
33 A_K: Quando lava roupa daí a fumacinha vai levantando.
34 P: Ah, então Klaus, vais falá bem alto. Fala, Klaus!
35 A_K: É a fumacinha du... a gente vai lavando a roupa daí... daí a fumacinha daí, daí... daí a fumacinha sobe.
36 P: E essa fumacinha vai pra onde?
37 A_K: Pro céu, vai pras nuvens.
38 P: Vai pro céu. Ela sobe e transforma em quê? Nuvem, né? E o que que é uma nuvem?
39 A_J: A nuvem é... uma série de fumaça.
40 P: A nuvem... mas ela é feita do quê?
41 A_s: Fumaça.
42 P: Fumaça?
43 A_s: É.
44 P: A nuvem é feita de fumaça?

45	A$_s$:	É.
46	P:	É? E essa fumaça... quando as nuvens estão bem cheias, bem pesadas, o que acontece?
47	A:	Chove.
48	A:	Vai chovê?
49	P:	Chove?
50	A:	É.
51	P:	E essa chuva que cai o que ela é?
52	A$_s$:	Água.
53	P:	Ã?
54	A$_s$:	Água.
55	P:	A chuva que cai é água. Então hoje nós vamos conversá... nós vamos começar a estu... já estudamos o ar e hoje a gente vai começar a estudar sobre a água, só que a água a gente tem bastante coisa pra estudá, então a água a gente tem que estudá da onde é que a água vem... nós vamos estudá... pra que que nós usamos a água. Nós vamos estudá qual é a utilidade da água... na nossa vida. Nós vamos estudá como é que surgem as... como é que aparece... como é que surgem as chuvas, como é que surgem as nuvens, né? que a nuvem ela de repente ela aparece no céu assim de repente ou ela vem de algum lugar. O Klaus disse que é a fumacinha que vem... que sai da roupa que a gente lava.
56	A$_J$:	É. Também tem do... do fugão.
57	P:	Fogão?
58	A$_s$:	É.
59	P:	Então nós vamos ver também da onde é que... se acha que essa fumacinha que sai do fogão... do fogão que sai... ou da chaleira?
60	A$_s$:	Da chaleira.
61	P:	Da chaleira. Então nós vamos ver de onde é que sai essa, essa... essas nuvens... o que que acontece pra começá a chuver. Isso aí nós vamos

estudar, mas não vai ser tudo hoje. Hoje nós vamos estudar sobre a água. Por que que a água é importante e aonde que nós utilizamos a água. Tá? Então nós vamos agora *(inaudível)*. Nós vamos conversar... pensá primeiro por que que a água é importante para nós? Todo mundo vai pensá: por que que a água é importante para nossa vida. Primeiro é pensar, tá? Todo mundo vai pensá porque que água é importante... tá bom? ... A professora vai escrevê no quadro, nós vamos fazer um levantamento de... de motivos que nos levam a dizer que a água é importante... de coisas que... são importantes... porque que a água é importante, tá?

62 A: Tá.

1.2 - Discussão envolvendo o tema selecionado

1.2.1 - Levantamento de idéias, opiniões sobre a importância da água (oral e escrito)

63 P: Então, vocês vão... quem quisé falá vai levantá a mão que a professora vai escrevê por que vocês acham que a água é importante.
64 A: Porque a gente.
65 P: Levantando a mão! Ah, mas tu não ouviu o que eu disse? Levantando a mão! *(diz, dirigindo-se ao aluno que falou no turno 64)* Fala, Denize!
66 A_D: A água é importante pra fazê cumida.
67 P: A água é importante para?
68 A_D: Fazê cumida.

(A aluna estava sentada numa equipe que ficava mais ao fundo da sala e falou em voz baixa, dificultando a audição pela professora. Neste momento, esta inicia, também, a escrita do levantamento sobre a importância da água no quadro-de-giz, à medida que as crianças vão expondo suas contribuições.)

69 P: Fazer... *(fala enquanto escreve no quadro "Para fazer")* fazer o que, Denize?
70 A_D: Comida.

(Fala-se também que a água é importante para viver, fazer café e apagar fogo.)

71 A_{RO}: Para a gente tomá banho.
72 P: Para tomar banho.
73 A_R: Eu ia fazê, né... falá né...
74 P: Pois é, mas vai tê que pensá outra. Para tomar *(fala e escreve: "para tomar")*.
75 A: Professora, a professora já falou.
76 P: Só um pouquinho... banho *(fala e escreve no quadro "banho")*.
77 A_R: Professora, eu sei mais uma.
78 P: Fala. Não aí... vamos fazê assim ó. Pra dá chance pra todo mundo de repente tu tens... tu tens mais uma Rafa... ô, Ricardo, mas aí de repente a tua é de alguém aqui da equipe *(referia-se à equipe do próprio Ricardo)*. Então, tu vai guardá a tua idéia e se ninguém falar a tua idéia, tu fala novamente, porque tem mais pessoas que querem falar. De repente, a idéia que tu tens é a idéia de alguém. Então, tu vai guardá a tua idéia e se ninguém falá, então, no final, tu fala, tá? A equipe do Klaus?

(No grupo fala-se também que a água serve para tomar banho de mar, para molhar plantas.)

79 P: Tá, o que tu falaste? A Juliana disse que a água serve para fazer gelo. E o que tu falaste, Denize?
80 A_D: Gelo já é água!
81 P: Gelo já é água? *(dirigindo-se a todos os alunos)*
82 A_s: Já.
83 P: Mas gelo é água de que tipo?
84 A_J: É, ⌐a gente   ⌐faz com... com... a gente
85 A: └congelada
86 A: └o gelado duro

passa a água numa bandeja, depois bota na geladeira e vira gelo.
87 P: Então ó... repete, Juliano! Bem alto!
(O aluno falou com voz muito baixa dificultando que outros de equipes distantes o escutassem.)
88 A_J: Ah... é... a... a gente pega uma bandeja pra fazê gelo, coloca água dentro aí depois coloca na geladeira e fica gelo. Deixa gelá.
89 A_D: Gelo já é água.
90 P: Então, a Denize disse que gelo já é água. Gelo já é água, vocês concordam?
91 A_s: É.
92 P: Concordam que o gelo é água? E como? De que jeito?
93 A_s: Congelada.
94 P: O gelo é a água congelada, não é?
 Então ó ⌈ a gente coloca aqui *(refere-se ao le-*
95 A: ⌊Professora
vantamento que está sendo feito no quadro) para fazer gelo ou não coloca?
96 A_s: ⌈Não.
⌊Coloca.
97 P: Porque o gelo já é água só que... o gelo é a água em um estado diferente daquele que a gente conhece.
98 A_J: Não, mas aí... bota gelá.
99 P: Porque ó... essas palavrinhas vocês vão aprendê depois: sólido, líquido e gasoso, tá? Sólido é o gelo. A água líquida é aquela água que vocês vêem e a água no estado gasoso é aquela fumacinha que o Juliano disse que via a fumacinha na chaleira, lembram? A água ela se encontra na... na... na natureza em três estados: o sólido, que é o gelo, no líquido e no gasoso.
100 A: *(inaudível)*
101 P: Mas a idéia dela *(está falando de Denize)* a gente sabe que a água serve para virar gelo, que a água já é gelo, só que em estado quê?

102 A_J: Aí, quando que bota numa massa quente, ele começa a derretê.
103 P: Ã?
104 A_J: Aí quando que bota no fogão ele derrete.
105 P: Bota onde?
106 A_TC: Numa massa quente.
107 A_J: É.
108 P: Que que derrete?
109 A_s: O gelo!
110 P: Então ele passa do sólido para o.
111 A: Professora, eu posso falá.
112 P: Ele fica o quê? Fica durinho ainda? Fica gelo? Por quê?
113 A_s: Vira água.
114 P: Vira água. Então ele passa do sólido para o líquido, né?
115 A_s: É.
116 A: Ô professora, ô professor!
117 P: Espera só um pouquinho que tem uma idéia aqui que ainda não saiu. Fala, Daniel!

(É acrescido ao levantamento, após discussão, que água serve para fazer gelo e que outras utilidades da água são: lavar frutas e verduras [alimentos], janela e cozinha (casa).)

1.2.2 - Retomada do levantamento: leitura, novas discussões e acréscimo de informações

118 P: Bem, nós dissemos que iríamos fazê um levantamento do quê?
119 A_K: Da água.
120 P: Mas do que da água? Da... da importância da água, né? Por que a água é importante pra nós, não foi isto?
121 A_s: ⎡ É.
         ⎣ Foi.

122 P: Então nós vimos que a água é importante... Vamos ver aqui o que está escrito *(refere-se ao levantamento feito até aquele momento. Aponta o primeiro item do levantamento e os alunos o lêem)*.
123 A: Para fazer comida.
124 P: Ã?
125 A_s: Para fazer comida *(os alunos repetem a leitura)*.
126 P: Para fazer comida. Então por que será que a água é importante para fazer comida?
127 A: É pra fazê feijão.
128 A: Pra fazê comida pra nós.
129 A: Pra fazê leite.
130 P: É, mas acontece que se a gente não colocasse água nos alimentos, será que esses alimentos teriam como cozinhá?
131 A_s: Não.
132 A_J: A gente faz também sopa.
133 P: Se tu colocá só verduras numa panela e deixá as verduras ali o que que vai acontecê? *(fala dirigindo-se ao aluno do turno anterior)*
134 A_J: Estraga.
135 A_D: Vai estragá tudo.
136 P: Ia estragá como, Denize?
137 A_D: Apodrece.
138 A_{JT}: Pra cozinhá.
139 P: Mas se eu ligo o fogo e deixo ali no fogo as verduras?
140 A_{JT}: Pra cozinhá.
141 P: Mas tem água... tem água suficiente pra cozinhá?
142 A_{JT}: Fica cru.
143 A_J: Aí queima.
144 A_{JT}: Fica cru.
145 P: Fica cru? Mas o fogo tá ligado?
146 A_{JT}: Ah, então não sei.
147 A_J: Fica queimado.

148 P: Fica queimado porque a verdura, a fruta... a verdura... os alimentos eles têm uma quantidade de água só que essa quantidade de água não é suficiente pra cozinhá os alimentos no fogão. Tem que acrescentar mais água pra cozinhá. Então, a água é importante pra fazê comida, pra colocá no feijão, que mais?

(Professora e alunos retomam as informações: a água serve para viver, beber. A professora fala, também, sobre a água que há no organismo humano e de que forma ela se apresenta.)

149 P: Tá, então, nós... transpiramos. Então tem muita quantidade de água no nosso corpo. E o nosso corpo ó... nós expelimos água através do xixi... da urina... do suor. Tudo é água que sai do nosso corpo. E essa água tem que ser recolocada. Então, por isso que tem que beber bastante água, tá? Tem que beber bastante água. Ela faz a gente viver, a mesma coisa que... que faz a gente viver. É importante para a gente viver.

150 A_p: A cólera é uma doença.
151 P: Pois é... a cólera é uma doença.
152 A_1: Agora eu só tomo água fervida.
153 A_2: Eu só tomo água mineral.
154 P: É, mas ó... na televisão sempre passa propaganda sobre cólera. Então nós temos que ver por que será que acontece essa doença.
155 A_J: É porque tem que comê alimento do Peru.
156 P: A cólera ela vem do Peru, mas acontece que ela vem... ela é trans... porque essa doença começou no Peru. Em outros países, não começou no Brasil. A cólera lá no Peru... tem certos lugares que eles comem peixe e esse peixe ele já está contaminado... pela doença.
157 A_J: Aí, aí passou pelo Brasil.
158 P: É! E aí tem as frutas que não são bem lavadas e estão contaminadas pela doença.

159 A: Pela cólera.
(O grupo fala sobre tipos de água que devem ser bebidos; sobre o "micróbio da doença" [vibrião do cólera]; contaminações através da água, além do cólera, verminoses e outras doenças; a morte decorrente dessas doenças. Os alunos falam sobre a "doença" que matou Cazuza, a AIDS, e sobre a falta de cuidados com a manipulação de alimentos e higiene pessoal causadores de doenças. Falam igualmente que a água serve para lavar a casa e fazer suco.
A professora introduz o mapa-múndi, como recurso didático para acréscimo de informações. Fala-se, então, sobre a parte líquida do globo terrestre, sobre o Brasil neste contexto: que é um país e sua localização.)
160 A_D: Professora, aquele verde é a Amazônia?
161 P: Não. O Brasil é nessa parte amarela. Essa aqui ó *(aponta, mostrando o país, no mapa)*. Essa parte maior aqui ó. Essa não é a melhor posição pra vê o mapa, porque o mapa a gente tem que vê ele assim ó *(novamente dobra o mapa na tentativa de transformá-lo em globo)*. Só que se fizer assim não dá pra vocês vê ó.
(A professora desiste e apresenta o mapa na forma que lhe é peculiar.)
Isso aqui é o Brasil ó. E ó... o Brasil nesse lado é todo?
162 A_s: Água.
163 P: A costa dele é toda de água, né? Estão vendo?... Então o nosso país ele tem uma parte da costa que é toda de...
164 A_s: Água.
165 A_J: Aquele oceano ali pelo lado do Brasil é... é o Oceano Atlântico.
166 P: Esse... o... oceano que banha o Brasil é o Oceano?
167 A: Atlântico.
168 P: Atlântico, muito bem...

1.3 - Orientação para escritas individuais

169 P: Agora vocês vão escrever um texto sobre a importância da água. Vocês vão escrever por que que vocês acham que a... depois de conversá sobre tudo que a gente viu aqui, vocês vão querê escrevê um texto sobre a importância da água. Por que que a água é importante. Nós já vimos porque que é importante... por vários motivos... Então qual é o título do nosso texto?
170 A_s: A água.
171 A: É. A água.
172 P: A importância da água *(escreve o título no quadro: A importância da água)*. Eu vou dá uma folhinha pra vocês, tá?
(Ao distribuir uma folha em branco para cada aluno vai orientando sobre o que eles devem escrever.)
Então vocês vão escrever por que que vocês acham que a água é importante... e que se a gente não tivesse água o que é que ia acontecê com a gente. Vocês escrevem sobre o que a gente conversô.

Transcrição do quadro de levantamento da importância da água escrito no quadro-de-giz pela professora B durante o processo discursivo:

- PARA FAZER COMIDA
- PARA BEBER
- FAZ A GENTE VIVER
- PARA FAZER CAFÉ, CHÁ
- PARA APAGAR O FOGO
- TOMAR BANHO
- MOLHAR AS PLANTAS
- PARA FAZER GELO
- PARA LAVAR OS ALIMENTOS
- PARA LAVAR A CASA

analisando o processo pedagógico

- PARA FAZER SUCO
- PARA LAVAR LOUÇA
- PARA LAVAR AS MÃOS, ESCOVAR OS DENTES
- PARA LAVAR ROUPA

4.3 Análise

Como previsto, utilizo aqui a divisão correspondente aos vários momentos do trabalho pedagógico da professora B.

4.3.1 O discurso como referencial para a produção individual e coletiva

4.3.1.1 Apresentação do tema

4.3.1.2 Discussão envolvendo o tema selecionado

[E.: 19.07.91]
"Mas a gente... eu posso escolher, tentar desenvolver estes temas [refere-se a temas como, por exemplo, os da literatura infantil, de situações que aconteçam em sala, novidades trazidas pelo professor ou alunos, alimentos etc.] e a partir daí elaborar textos com as crianças. E, geralmente, a gente escolhe assim: esse mês eu vou trabalhar as frutas. Então, todo mês é... uma vez na semana se trabalha uma fruta, alguma... alguma coisa da alimentação... e sempre a gente escolhe anteriormente."

Para estas aulas em que se produzem textos escritos, como pode ser observado, sempre há, de antemão, um tema definido e claramente colocado como objeto referencial que serve para desencadear a produção, seja ele escolhido circunstancialmente, através de situações inusitadas, seja programado, como aqueles constantes do plano de curso anual.

Só a partir daí é iniciado o processo que aqui denominei "O discursivo como referencial para a produção individual e coletiva", o qual tem por finalidade primeira contextualizar o tema selecionado de acordo com características inerentes ao objeto referencial, presente no mundo das coisas como produto sociocultural. O trabalho discursivo objetiva, ainda, inserir e correlacionar, tanto quanto possível, os conhecimentos de mundo dos interlocutores e os científicos pela fala do professor, como aporte para a socialização e avanço de conhecimentos. Este momento serve, também, de sustentação para a posterior produção escrita individual ou coletiva.

É importante destacar que não há, para o processo discursivo, a projeção de quadros recortados que favoreçam certos vocábulos, estruturas sintáticas ou enunciações, mesmo porque, para este contexto de "ensino"*, não está previsto nenhum controle e gradação de conhecimentos. O que aí está previsto é o desenvolvimento de um trabalho com linguagem em toda a sua complexidade, abertura para que os sujeitos participantes possam se expressar, se enunciar tanto na forma oral quanto gráfica, construindo seus conhecimentos a partir de experiências interlocutivas reais. Assim é que este espaço discursivo reflete as mais variadas formulações lingüístico-textuais. A oralização não está a serviço exclusivo da escrita de textos, mas, acima de tudo, a serviço da construção textual. Trata-se de um momento específico de "geração" de idéias, de confrontos ideológicos, de reconhecimentos mútuos.

[E.: 19.07.91]
"Eu acho que... pela própria postura do professor eles tinham um comportamento diferente, né? [fala, referindo-se a seus alunos, quando trabalhava com uma metodologia tradicional]. Então, era um atrás do outro, eram quietinhos, não podia falá. Só falavam quando a professora permitia, né? E, agora, não. Eles têm liberdade de falar, eles perguntam, eles trazem coisas... coisas novas (...)"

---

* Coloco o termo "ensino" entre aspas porque neste contexto me parece que, ao invés de se tratar de aula de produção escrita, em que se "redige redação", trata-se de aulas em que se produzem textos. Aí a denominação "ensino" parece deslocar-se.

A relação estabelecida entre "objeto do discurso" e "participantes (interlocutores)", como pode ser observado pela aula representativa transcrita, não é regida por um locutor exclusivo (o professor). Pretende-se, ao contrário, que conflitos sejam gerados como possibilidade de construção e enriquecimento de conhecimento; o objeto é desvelado em ação conjugada – ele não é virtual, metalingüístico, ficando claro para os interlocutores o propósito da conversação. Tal coisa aponta para a desestabilização de posições e papéis, já tradicionalmente marcados.

Com o "sujeito-aprendiz" agora sendo concebido como elemento que também tem coisas a dizer, e o objeto de conhecimento como aquilo que, para ser apreendido, tem de ser (re)construído e transformado pelo sujeito numa dinâmica específica, altera-se, conseqüentemente, a postura do professor, não apenas diante do aluno e do objeto de conhecimento, mas diante de si próprio e das relações sociais entre os elementos do grupo. Assim, pelo processo discursivo o texto passa a ser construído tanto pelo professor quanto pelo aluno que também traz informações, realiza acréscimos, contradiz. Veja-se, por exemplo, a fala do aluno nos turnos 2 e 102, da aula transcrita; ele acrescenta, ao tópico em discussão, uma nova informação, demonstrando assim a sua condição de sujeito também locutor. Na mesma medida, o professor se coloca como desconhecedor, assumindo o papel de alocutário que reconhece, releva e comenta.

Para representar esta situação vou citar um episódio interativo de uma outra aula, cujo tema era "Abacaxi", no momento em que se discutia sobre a forma como esta fruta se apresenta em relação ao pé e à terra. Na aula, o aluno, Thiago R., diz conhecer uma plantação de abacaxi e afirma que a parte amarela do fruto fica debaixo da terra. Ele havia visto pés de abacaxi sem frutos; quando viu o abacaxi nas mãos da professora e a coroa, dele fazendo parte, deduziu que a parte vista em cima da terra era a coroa e que a parte amarela (o fruto) ficava embaixo. A professora, desconhecendo se era verdadeira a afirmação do aluno, tenta raciocinar a partir da fala dele, mas fica em dúvida. Neste momento, como eu conhecia um pouco sobre abacaxis, entrei na discussão, intervindo no diálogo, afirmando que o fruto dava no pé, em cima da terra.

[05.09.91]
P: Então o abacaxi não fica dentro da terra?
N: Não.
P: Ah, então ó, acho que tens que observar melhor *(fala dirigindo-se a Thiago R.)*.
A_D: Professora, o meu vô tem uma plantação de abacaxi.
A_{TR}: Não, mas eu vi que ficava embaixo.
P: Ficava embaixo? *(fala dirigindo-se a Nelita)*
N: Não. O fruto não fica embaixo da terra.
P: Eu também achava que não. Ó, a Nelita tem uma informação do abacaxi, então, a Nelita vai dar aula do abacaxi. Fala, Nelita!
N: Pelo que eu conheço o abacaxi [...].

A posição do professor como alocutário é, espontaneamente, reconhecida pelos alunos. O recorte da aula sobre o tema "Amendoim" representa isto:

[04.07.91]
A: Professora, sabia que a casca do amendoim serve para adubo também? Adubo?

Na disputa, a professora não se constrange em colocar-se na condição de desconhecedor – ao contrário, está sempre pronta a aceitar os conhecimentos que lhe chegam e a discuti-los como forma de crescimento mútuo. E, sem o preconceito de um discurso projetado em conteúdos e enunciados pré-fixados, sabe que vai lidar com o imprevisível, o inusitado, qualquer fala podendo ser questionada ou recusada.

Este outro episódio, recorte da aula sobre o tema "Água", evidencia a alteração do paradigma tradicional, e aponta novas relações no processo de construção do conhecimento.

analisando o processo pedagógico • **103**

149 P: [...] Então, por isso que tem que beber bastante água, tá? Tem que beber bastante água. Ela faz a gente viver, a mesma coisa que... que faz a gente viver. É importante para a gente viver.
150 A_P: A cólera é uma doença.
151 P: *Pois é...* a cólera é uma doença.
152 A_1: Agora eu só tomo água fervida.
153 A_2: Eu só tomo água mineral.
154 P: *É, mais ó...* na televisão sempre passa propaganda sobre cólera. Então nós temos que ver por que será que acontece essa doença.
155 A_J: É porque tem que comê alimento do Peru.
156 P: A cólera ela vem do Peru, mas acontece que ela vem... ela é trans... porque essa doença começou no Peru. Em outros países, não começou no Brasil. A cólera lá no Peru...tem certos lugares que eles comem peixe e esse peixe, ele já está contaminado... pela doença.
157 A_J: *Aí, aí* passou pelo Brasil.
158 P: *É! E aí* tem as frutas que não são bem lavadas e estão contaminadas pela doença.

Aqui, o aluno, no turno 150, por uma associação traz uma informação nova que restringe de forma implícita o valor de verdade genérico da fala da professora no turno anterior. Com a fala do aluno a polêmica ganha espaço: se a água é importante para viver, é também por ela que o ser humano adquire doenças.

A professora não se esquiva – ao contrário, fomenta outras partilhas de conhecimentos deste decorrentes: reconhece o que o outro lhe diz, mas, sobretudo, valoriza o dito como oportunidade de expansão do conteúdo referencial/discursivo circulado no e pelo grupo. Este fato demonstra a posição especial do aluno em sala de aula: a de locutor que conquista espaços em turnos da interação, direcionando também o curso de conteúdos dissertativos, que são objetos de conhecimento na escola, mesmo que ainda em nível de "tópico discursivo"* e não de decisão de conteúdo programático. Ele se sente com liberdade para acrescentar, contrapor e argumentar; tem oportunidade de agir assumindo um papel.

Ocorre, assim, a reversibilidade de papéis: o aluno é ora locutor, ora alocutário, como alguém que, na disputa das vozes, aprende mais que conteúdos, aprende a constituir-se enunciador. Dizer "não é apenas informar, nem comunicar, nem inculcar, é também reconhecer pelo afrontamento ideológico. Tomar a palavra é um ato dentro das relações de um grupo social". (Orlandi, 1987, p. 34)

Afinal, neste contexto de ensino nem sempre é o professor quem transfere conhecimentos e de forma pronta e definitiva: a dominância é para o desvelamento conjunto pelos membros do grupo, em busca da (re)construção compreensiva da sua produção.

Sobre o mesmo episódio exemplar, pode-se dizer que este evidencia uma prática discursiva construída por interlocutores de forma complementar. Explico. As falas, tanto da professora para os alunos, como dos alunos para a professora e destes entre si, se encadeiam em progressão, de tal forma que aparecem até mesmo explicitamente costuradas por operadores discursivos, como é o caso nos turnos 151 "Pois é"; 154 "É, mais ó"; 157 "Aí, aí"; 158 "É! E aí". O discurso é tecido sem predominância de papéis enunciativos.

Este é um indicativo de que as falas são para valer. Este processo discursivo só é viável porque está previsto como proposta de trabalho: o favorecimento das falas mútuas e nelas, especialmente, a do aluno, reconhecido como sujeito cognoscente. Tal pressuposto, evidentemente, se reflete na forma como a professora se situa na sala de aula, criando um clima de liberdade e acessibilidade ao movimento das falas. Sem medo de errar, os alunos aventuram-se, sentindo que co-operam e disputam conhecimentos e sentidos.

---

* "Tópico discursivo" é compreendido aqui como "o fio condutor dos conteúdos tratados pelos interlocutores" (Marcuschi e Koch, 1990).

Para representar o que afirmei antes, comento pela aula transcrita sobre o tema "Água" (turnos 79 a 117) a polêmica gerada pela contestação da aluna Denize, diante da declaração de uma colega, a qual sugeria inserir, no quadro de levantamento sobre a importância da água, a informação de que a água servia para fazer gelo. Pressupondo ser uma informação dispensável, Denize introduz o seu argumento: "Gelo já é água." (turno 80). A professora releva a sua fala e interfere, jogando para a turma a questão levantada (turno 81). Diante da confirmação do grupo de que, realmente, "Gelo já é água", a professora procura explorar o conhecimento posto em discussão, levantando outra questão (turno 83). Outros alunos tomam a palavra e respondem a pergunta (turnos 84, 85 e 86), porém um deles se sobrepõe e explica o modo de fazer gelo. Denize, provavelmente não satisfeita com o rumo da discussão, toma novamente a palavra (turno 89) para reafirmar o que disse. Este foi o seu jeito de manter o argumento. A professora novamente leva a questão à turma em busca do consenso (turno 90). Porém, como este não ocorre (turnos 90 a 96), procura desfazer a polêmica, sistematizando o conteúdo através do conhecimento científico, pela "apropriação da voz do cientista" (Orlandi, 1987), legitimando, assim, a informação.

Os alunos também não se melindram em tomar a palavra para assumir desconhecimento de conteúdos tratados em aula. O episódio interativo representado pelos turnos 133 a 148 da aula transcrita exemplifica este tipo de ocorrência.

Nele, acompanhando a fala dos alunos Juliano (turnos 134 e 143), Denize (turnos 135 e 137) e João Tiago (turnos 138, 140, 142 e 144) se observará que todos tentam seguir a linha de raciocínio da professora, respondendo as suas indagações. Porém, como a pergunta feita a Juliano (turno 133) estava correlacionada a outra (turno 130) na qual procurava estabelecer uma relação entre água e alimentos, e como os alunos, para respondê-la, provavelmente fizeram suas inferências apenas sobre o conteúdo proposicional da última, as tentativas de resposta não correspondiam à esperada pela professora. Por isso, progressivamente, esta vai levantando hipóteses, problematizando, a partir das respostas que os alunos vão fornecendo, para chegar à resposta adequada.

O aluno João Tiago, em meio a muitas tentativas, desiste, verbalizando o seu desconhecimento "Ah, então não sei." (turno 146) e não, simplesmente, calando-se ou tendo sua fala "afogada" pela voz da professora que oferece a resposta correta. Juliano, no entanto, prossegue e, de acordo com a explicitação da questão proposta (turno 145), chega à resposta adequada. Finalizando esta discussão, a professora, como em muitas outras situações, sistematiza o conhecimento veiculado, neste segmento de fala.

As interações reais enriquecem as experiências das crianças e do professor. Ali os sentidos podem ser confrontados, polemizados, deixando transparecer o caráter polissêmico das palavras e enunciados.

Tomo recortes de duas aulas distintas para demonstrar como aparece este envolvimento. O primeiro (representado pela letra A) consta de dois episódios de uma aula sobre o tema "Laranja" e o outro, (letra B) sobre "Propaganda".

(A) [28.05.91]
1.º Episódio:
(Alunos discutem com a professora o tipo de fruto que ela segura na mão.)

A_s: É laranja.
A_1: Não é. É *(inaudível)*
A_2: É.
P: Que fruta é esta daqui?
A_s: Laranja.
P: É vergamota isso aqui?
A_s: Não.
P: A vergamota tem o mesmo formato... alguém tem uma vergamota aí, que trouxe hoje?
A_L: Eu não.
A_B: Ela tem.
(A professora pega a vergamota de um aluno e mostra aos demais.)
P: Ei, olha o formato da bergamota.

A_J: A vergamota é piquinininha.
A_{Su}: Não, tem grande.
A_s: *(Várias vozes)*
P: Um de cada vez.
A_{TC}: Professora, a Daniela chama isso daí de tangerina.
P: É porque isso daqui é uma fruta que tem vários nomes. Dependendo do local ela é bergamota, mixirica, tangerina...
A_s: *(Várias vozes)*
A_{TR}: Professora, a minha mãe chama de tangerina.
P: Tangerina.
A_R: A minha mãe também.
A_{TR}: A minha mãe chama de vergamota.

2º Episódio:
(Neste outro segmento da mesma aula, alunos, professora e eu participamos de uma discussão sobre os tipos de laranja conhecidos por nós.)
P: Eu quero saber os tipos de laranjas que vocês conhecem.
A_s: Pêra
Laranja lima
Açúcar
Cravo
P: Tem também laranja bruta. Que tipo de pessoa usa laranja lima?
A_M: Pra doente.
P: Pra neném, né, gente? Porque é bem docinha. Nelita, tu conheces algum outro tipo de laranja?
N: Sim. Laranja umbigo.
A_s: Minha prima ganhou um livro que o nome dele era umbigo.

(B) [15.04.91]
(Nesta aula os alunos, de posse de cartazes com figuras, vinham até a frente de seus colegas e falavam sobre o "seu

produto", na tentativa de persuadir os amigos a comprá-lo. A interação transcrita se dá quando o aluno Thiago C. vai falar sobre uma "Moto Honda".)

P: Onde vende?
A_{TC}: No Köerich.
(Silêncio)
P: Qual o preço dessa moto?
A_{TC}: Dez mil.
A_K: Minha tia vai vendê os gatinhos dela por dez mil cada.
P: Então, Thiago, ela tem o mesmo valor que um gatinho?

Observe-se ainda o recorte da aula sobre o tema "café" quando um aluno explicava o modo como sua avó o processava. Dizia ele que a avó colocava os grãos dentro de uma panela e depois levava ao fogo para torrá-los. E continuou:

[18.06.91]
1 A_{JT}: Aí depois, aí depois, depois ela deixa secá dentro da panela.
2 P: Ah! Ela deixa secar dentro da panela?
3 A_{JT}: É, desliga o fogo. Aí seca tudo... aí ela bota dentro de uma... de um...
4 A_1: De coadô.
5 A_{JT}: Não, de um...
6 A_2: Coadô é daqueles de botá dentro dum bule.
7 A_{JT}: É um negócio assim, que... é um negócio assim de plástico que ela bota e depois guarda.
8 P: Ah! Aí ela tira e guarda numa vasilha?
9 A_{JT}: É.

João Tiago (JT) estava "dando uma aula" sobre o processamento artesanal do café e os colegas, atentos, interagem com ele e a professora. Esta, pelo "Ah!" proferido (turno 2) demonstra seu desconhecimento, numa mistura de admiração e entendimento. Um colega (turno 4), percebendo, pelas pausas e hesitações de João Tiago, que este não lembrava onde a avó guardava os grãos torrados, tenta ajudá-lo, valendo-se da *sua* própria experiência. E, assim, não hesitou em completar: "De coadô".

A relação que, provavelmente, fez foi "café/coador". Diante da negativa de João Tiago (turno 5), um outro toma o turno e explica para o colega do turno 4 que coador tem outra utilidade, diferente daquela que ele havia suposto como a usada pela avó do menino, numa demonstração de atento acompanhamento. Outro ponto também comum nesta e na maioria das aulas é que na disputa pela tomada dos turnos não há incidência excessiva de falas sobrepostas ou em coro. Apesar da classe numerosa (28 alunos), na maioria das vezes a professora não se dirige aos alunos como turma; mas um e outro disputam entre si e com ela a posse da palavra. Há uma responsabilidade mútua na organização das tarefas de ensino-aprendizagem.

Desejo também representar um outro episódio interativo para demonstrar, em comparação com o anterior, que aspectos socioculturais de conhecimento do grupo podem transitar livremente no contexto das aulas registrando diferentes histórias de vida. No episódio, Patrick narra o modo artesanal de processar a moagem do café. Veja-se:

[18.06.91]
1 A_P: Professora, a gente, a gente pega ele põe no toco e vai com um pau em cima, num tem?
2 P: Pra quê?
3 A_P: Pra ele ficá em pó.
4 P: Ah! A gente... Repete de novo, o Patrick.
5 A_P: A gente põe o café em cima do toco e a gente bate com o pau, o café.
6 A_1: Não é com martelo?
7 P: Com martelo, será?
8 A_P: Não, com um pau.
9 A_2: Com machado!
10 A_3: Ah! com marreta!

O fato de deixar o objeto do discurso exposto dá oportunidade aos diferentes locutores tomarem a palavra e direcionarem as suas falas em favor da construção dos mais inesperados enunciados (veja, por exemplo, os turnos 1, 6, 9 e 10 do recorte anterior). O aluno tem, então, a oportunidade de "costurar" relações por meio da linguagem com o mundo social, jogando harmoniosamente com os saberes (senso comum/ciência). Uma, entre outras situações exemplares da aula representativa, pode ser observada quando a professora, na tentativa de superar uma contradição conceitual apresentada pelos alunos (turnos 8 e 10), diante da questão que levantou "se o ar ocupava espaço ao redor dela", reformula a questão, procurando dar-lhe concretude, aproximando, assim, um conhecimento teórico-científico – naquele momento abstrato para as crianças – da experiência concreta "E se eu enchê um saco de papel?" (turno 11); "Mas aí quando é que vocês sabem que ele [ar] está ocupando espaço?" (turno 14). Depois da concretização e aproximação de conhecimentos, a resposta por um dos alunos foi imediata: "Porque ele tá gordinho." (turno 15); outros alunos, mais adiante, também manifestam a compreensão: "Quando enchê o balão." (turno 17) e "Ou um saco." (turno 19). Esta situação também demonstra que é por meio da linguagem que lhes é própria ("gordinho", por exemplo) que, neste contexto, os alunos expressam argumentos, explicações e concepções.

Também quero ressaltar que há, por parte da professora, não só a aceitação e valorização desta linguagem, mas o seu reinvestimento na "costura" que faz destes dois conhecimentos: "Ah, porque ele tá gordinho! Porque aí dá pra vê que ele tá cheio. Então o ar ocupa um espaço na terra, né?" (turno 16) e, também os turnos 18 e 20 o demonstram.

Ainda há situações em que a professora se limita a permanecer com os "conceitos" fornecidos pelo aluno, ficando a explicação do fenômeno em nível de senso comum. Para exemplificação valho-me da mesma aula, quando alunos e professora, após discutirem sobre a formação das nuvens e sua constituição, fecham o diálogo da seguinte forma:

44 P: A nuvem é feita de fumaça?
45 A_s: É.

46 P: É? E essa fumaça... quando as nuvens estão bem cheias, bem pesadas, o que acontece?

É uma forma de sistematizar os conhecimentos através do próprio vocabulário do aluno. Ela poderia introduzir conceitos como: no turno 36 para "fumacinha", vaporização d'água; no turno 46, para "uma série de fumaça", condensação de partículas d'água em suspensão na atmosfera. Não só nesta passagem, mas em muitas outras observadas no decorrer do ano letivo – algumas já relatadas no corpo deste trabalho –, a professora retoma, sistematiza e ainda acresce, aos conhecimentos já partilhados na sala, outros a partir das definições e explicações fornecidas pelos alunos em segmentos anteriores.

99 P: Porque ó... essas palavrinhas vocês vão aprendê depois: sólido, líquido e gasoso, tá? Sólido é o gelo. A água líquida é aquela água que vocês vêem e a água no estado gasoso é aquela fumacinha que o Juliano disse que via na chaleira, lembram? A água ela se encontra na... na... na natureza em três estados: o sólido, que é o gelo, no líquido e no gasoso.

Outro aspecto que também pode ser observado no momento do processo discursivo diz respeito à oportunidade que tem o aluno de também (re)construir o conhecimento do discurso oral. É-lhe dado tempo para pensar, refletir e buscar argumentos, sem ser apressado pelas exigências de um conteúdo a ser transmitido num tempo determinado. Quando toma a palavra, a sua fala é marcada por operações epilingüísticas* refletidas pelas pausas,

---

* Segundo Geraldi (1991): "As *atividades lingüísticas* são aquelas que, praticadas nos processos interacionais, se referem ao assunto em pauta, 'vão de si', permitindo a progressão do assunto" (p. 20). "As *atividades epilingüísticas* são aquelas que, também presentes nos processos interacionais, e neles detectáveis, resultam de uma reflexão que toma os próprios recursos expressivos como seu objeto" (p. 23); e "*Atividades metalingüísticas* são aquelas que tomam a linguagem como objeto não mais enquanto reflexão vinculada ao próprio processo interativo, mas conscientemente constroem uma metalinguagem sistemática com a qual falam sobre a língua" (p. 25).

hesitações e retomadas. No conjunto da aula representativa e em muitas outras situações constam estas operações. Cito, para exemplificar, uma fala de Thiago na aula sobre o tema "Café", quando procurava sustentar o seu argumento de que do processo de secagem constava uma etapa de imersão em água, conforme havia observado quando em visita à casa do avô. Observe-se, pela sua fala, a elaboração mental que faz para comprovar o seu argumento, e suas hesitações, pausas e retomadas.

[18.06.91]
A: *(inaudível)* porque ela queria jogá debaixo da mãe, daí eu disse pra mãe dela, ela disse que se ela jogasse ela ia apa... ela... ela ia dá um tapa na cara porque ela é muito boba. É a grande, Alexandra. Daí... i... i... eu fui, eu peguei uma bombinha, naquela que fui acendê... e... eu quase que jogo no cabelo, se prende meu cabelo estóra meu cabelo. Daí eu joguei lá pra perto do galinheiro, joguei lo... lá... lá... no tanque onde é que meu vô seca o café. Daí... quando... sabe por que eu eu sei que tinha água, porque quando eu fui jogá lá, a bombinha apagô... daí não deu barulho.

O aluno não fica, assim, apenas na dependência do que lhe é dito, ou seja, tendo apenas uma fala-coro de turnos coletivos ou sendo eco de proposições do professor. Ele dá passos efetivos para a autonomia enunciativa.

Saber uma língua, afirmam Coudry e Possenti (1983, p. 104),

> é algo bem diverso de saber falar sobre ela: isto é, de demonstrar um conhecimento passivo das formas e das regras de combinação. É, antes, ter autonomia enunciativa, isto é, saber ser interlocutor, estar em relação com o mundo e com o outro, no processo discursivo [...], de modo pessoal, construindo o jogo interlocutivo. É saber falar e calar, ser claro e ambíguo, jogar com o sentido "literal" e o metafórico, saber representar, enfim, construir-se como indivíduo pelo uso da linguagem.

Contudo, nesta "disputa" é preciso não esquecer que o professor conta com o poder que, hierarquicamente, lhe confere o lugar que ocupa, institucionalmente falando. Se no contexto discursivo desta prática pedagógica há possibilidade de mudanças de papéis e posições enunciativas na/para a (re)construção de conhecimentos também se refletem aí certos paradigmas tradicionais. Esta é uma prática pedagógica em construção e, como tal, com marcas de transição.

A voz da professora pontua este embate que empreende entre um papel mais controlador (mais imposição) e outro mais co-operativo (negociação), em suas relações com os alunos, com a forma de ensinar e com a concepção de conhecimento que privilegia no momento da prática pedagógica.

Em certas situações ela é mais "autoritária", por exemplo: "Todo mundo vai pensá: por que que a água é importante pra nossa vida. Primeiro é pensar, tá? [...]" (turno 61) – porém, a dominância é de encaminhamentos mais cooperativos. Tanto que, quando em suas enunciações se percebe reforçando paradigmas próprios da prática tradicional, busca um deslocamento que coadune com seus princípios.

O exemplo recortado da aula representativa demonstra:

169 P: Agora vocês vão escrever um texto sobre a importância da água. Vocês vão escrever por que que vocês acham que a... depois de conversá sobre tudo que a gente viu aqui, vocês vão querê escrevê um texto sobre a importância da água. Por que a água é importante. Nós já vimos por que que é importante... por vários motivos... Então, qual é o título do nosso texto?

A forma como conduz a aula também ratifica a condição de elemento que tem responsabilidade de "fixar direitos à tomada da palavra, o nível de pertinência e de legitimidade das intervenções, seu momento e sua duração. A avaliação de sua aceitabilidade lingüística, o valor de seu conteúdo". Cabe-lhe, também, pontuar os "inícios e os fins das seqüências, que marcam as pausas do jogo e seus prolongamentos" (Legrand-Gelber, *apud* Geraldi, 1991, p. 238), porém, acrescenta-se, não em grau absoluto – o que se constata no corpo deste trabalho.

Neste contexto, mesmo que ainda com controles às vezes rígidos, parece estar se configurando algo diferente. Os controles a que me refiro acontecem de modos diversos e em instâncias diversas. No que se refere ao objeto do discurso, a professora B procura, sem rigidez, convergir as falas em função da manutenção do tópico discursivo, reencaminhando as vozes e evitando falas evasivas (constatado, pelo estudo longitudinal, como situação raríssima). É assim, também, que procura fazer as "amarras", informando, complementando, reelaborando, explicando o que diz como forma de sistematizar o conteúdo discursivo. Para isso procura controlar, por meio de perguntas e asserções, as discussões que envolvem o objeto de conhecimento.

Entre estas perguntas e asserções não deixam, pois, de constar aquelas que, longe de se caracterizarem como "estimuladoras de operações mentais", apenas são efetuadas para reiterar o já dito. Veja-se, como exemplo, as perguntas feitas na aula sobre o tema "Água", neste recorte de falas:

25 A. Porque cho... choveu, né?
26 A: *(Algumas vozes)*
27 P: Choveu na segunda-feira?
28 A_s: Choveu.
29 P: Choveu?
30 A_s: Choveu.

Este tipo de pergunta geralmente incita uma resposta coletiva, como pode ser observado acima. No entanto, como na maioria das vezes o grupo é tomado na sua heterogeneidade, nem sempre considera uma pergunta deste tipo como norma ou ato necessário ou obrigatório, a ser seguido.

A fala de Juliano no recorte da aula representativa o demonstra. A professora induz, pela pergunta que faz, a uma resposta coletiva a qual objetiva confirmar e reforçar uma informação já circulada no grupo, porém o aluno (turno 102) avança na progressão do tópico discursivo, introduzindo nova informação.

101 P: Mas a idéia dela *(está falando de Denize)* a gente sabe que água serve para virar gelo, que a água já é gelo, só que em estado quê?
102 A_J: Aí, quando que bota numa massa quente, ele começa a derretê.

Este episódio também demonstra uma quebra no já tradicional "pingue-pongue didático" de perguntas do professor e respostas dos alunos. Aqui, entretanto, o que predomina são perguntas que ocorrem naturalmente no decorrer do processo discursivo, estimulando operações mentais – propiciando, assim, a expansão e a superação dos conteúdos já adquiridos ou em constituição. A professora busca, com isto:

a) acrescer informações, ativando conhecimentos já dominados:

[16.05.91]
46 P: É? E essa fumaça... quando as nuvens estão bem cheias, bem pesadas, o que acontece?

b) estimular o raciocínio, problematizando:

[28.05.91]
P: Tem gente que já está com vontade de chupar os gominhos da laranja. Mas eu tenho dez gomos e quantos nós somos?
(Alunos e professora contam o total de alunos presentes na sala – são vinte e oito crianças. Em seguida, a professora faz outra pergunta.)
   Então, os gomos darão para todos?

c) desfazer contradições e encaminhar consensos:

[16.05.91]
90 P: Então, a Denize disse que gelo já é água. Gelo já é água, vocês concordam?

d) estimular a expressão de conhecimentos de mundo próprios:

[04.07.91]
P: [...] O cartucho a gente faz como? ... Como é que a gente faz o cartucho? Ã?
A: A gente pega o papel, enrola o papel e coloca o amendoim dentro.
P: Mas como é que faz o amendoim?

e) estimular a formulação de conceitos:

[16.05.91]
38 P: [...] E o que que é uma nuvem?

Outro papel de controle refere-se à distribuição dos turnos. Às vezes propõe, explicitamente, normas e pontua trocas, outras vezes discute-as com o grupo ou individualmente, explicando razões; em outro momento favorece conquistas particulares. Como exemplo, cito passagens da aula representativa:

a) 63 P: Então, vocês vão... quem quisé falá vai levantá a mão que a professora vai escrevê por que vocês acham que a água é importante.

b) 77 A: Professora, eu sei mais uma.
   78 P: Fala. Não aí... vamos fazê assim ó. Pra dá chance pra todo mundo de repente tu tens... tu tens mais uma Rafa... ô, Ricardo, mas aí de repente a tua é de alguém aqui da equipe *(referia-se à equipe do próprio Ricardo)*. Então, tu vai guar-

dá a tua idéia e se ninguém falar a tua idéia, tu fala novamente, porque tem mais pessoas que querem falar. De repente, a idéia que tu tens é a idéia de alguém. Então, tu vai guardá a tua idéia e se ninguém falá, então, no final, tu fala, tá? [...]

c) 126 P: Para fazer comida. Então por que será que a água é importante para fazer comida?
127 A: É pra fazê feijão.
128 A: Pra fazê comida pra nós.
129 A: Pra fazê leite.

Neste contexto, a criança vai tomando conhecimento, também, de que nem sempre se pode falar o que se quer, a qualquer hora. Assim, ao mesmo tempo que vai construindo, vai incorporando contratos interacionais próprios do lugar de onde se fala (na escola).

Os dados da pesquisa levam, pois, a concordar com Legrand-Gelber (*apud* Geraldi, 1991, p. 238) quando este diz: "Paralelamente a uma construção de conhecimentos, o professor constrói os papéis e os lugares de cada um no espaço escolar", e quero acrescentar que, na perspectiva adotada por Rose, com uma proposta de desmitificação das relações de ensino nas quais a figura de locutor não está polarizada nem sedimentada no professor, os distintos papéis e lugares tanto podem vir a ser aceitos, negociados, como "questionados". Uma das estratégias de desmitificação é a utilização de certas expressões que indicam uma prática construída em *co-operação*. Os exemplos abaixo são uma demonstração disto:

[16.05.91]
a) 20 P: [...] Hoje *nós vamos trabalhar... a gente já trabalhou...*

b) 55 P: [...] hoje *nós vamos conversá [...] a gente vai começar a estudar.*

4.3.1.3 Orientações para a escrita individual

Desde o momento em que a professora começou a estimular os alunos a tentarem escrever seus próprios textos, o trabalho discursivo, qualquer que fosse o tipo de atividade/temas/objeto, foi marcado por um fechamento, fornecendo-se um conjunto de orientações com vista a estas escritas. Os turnos 169 e 172 da aula representativa o demonstram.

Também durante esse processo a professora incluiu como conduta, em muitas aulas, uma "chamada" aos alunos com referência ao que se falava ou discutia: posteriormente seus textos individuais e coletivos versariam sobre esses elementos. Cito algumas situações:

Na aula sobre o tema "Amendoim", enquanto os alunos comem os frutos, a professora deseja narrar a pesquisa que fez em livros, com o objetivo de acrescentar informações. Então fala:

[04.07.91]
P: [...] Eu fiz uma pesquisa e tem umas coisas que eu descobri sobre o amendoim que eu gostaria de ler pra vocês. Vocês querem ouvir?
A_s: ⎡ Queremos.
　　 ⎢ Queremo.
　　 ⎣ Quero.
P: Então eu quero todo mundo prestando atenção porque depois nós vamos escrever sobre amendoim, tá legal?

Numa outra, em que a leitura de um livro foi feita para posterior registro, diz:

[16.12.91]
P: Então vocês vão ouvir bem a história pra depois
　　⎡ escrever. Vão recontar a história.
A_3: ⎣ Escrevê.

Em certas ocasiões, ela se vale deste mesmo "pretexto" para chamar a atenção dos alunos e, com isto, contar com a participação deles no prosseguimento da atividade. Na aula sobre o tema "Café" um aluno está contando como a sua avó, em casa, processa os grãos. Ele está falando em voz baixa e os demais colegas conversam entre si.

[18.06.91]
P: Então, conta o que é que tua vó faz. Bem alto!
A: A vó pega...
P: Tão escutando pra depois escrevê?

Mas, sem dúvida, são as finalizações que evidenciam as orientações que a professora fornece aos alunos, com respeito ao processo da escrita individual. Às vezes, nestas ocasiões, limita-se a elaborar algumas questões generalizadas em função do que foi abordado no trabalho discursivo, como pode ser observado na aula cujo tema era "Ar".

[04.04.91]
P: Agora vocês vão contar sobre a experiência. Vocês vão contar a experiência que nós desenvolvemos. O que nós fizemos. Quero ver quem vai saber contar legal, com todos os detalhes.

Em outras, junto com questões generalizadas, ela fornece algumas específicas sobre o conteúdo possível ou indicado para os textos. Tomo a aula sobre o tema "Amendoim" para exemplificar, ressaltando que a aula representativa, pelos turnos 169 e 172, também aqui se encaixa.

[04.07.91]
P: Agora, nós vamos escrever sobre o
A_s: ⌈ Amendoim.
         ⌊ ô, professora!
P: Cada criança vai receber uma folha e vai escrever tudo que a gente conversou ou se lembra, ou, como

> é que começou a nossa experiência de hoje, se quiserem contar o que é que a professora... como é que a professora começou a aula, o que é que aconteceu... tá?
> [...]
> P: Como é que vocês descobriram que era amendoim... Vão pensar. Não vou falar nada agora. Encerrei a minha fala, tá? Cada um agora vai pensar.

Há aquelas situações em que a professora retoma certos aspectos detalhando a seqüência das atividades ou conteúdos comentados/experienciados, como que apontando um número de informações que devem ser lembradas e, posteriormente, escritas.

O exemplo que seleciono é representado pela aula sobre "Vitamina de abacate", para a qual a professora trouxe o fruto e ingredientes para fazer uma vitamina. Nesta aula os alunos acompanharam e participaram da experiência de preparação da vitamina e, também, dela se serviram. Era em função desta experiência que iam escrever. Note-se como, neste caso, foi feita a orientação:

> [28.05.91]
> P: Cada criança vai receber uma folha e vai contar o que nós fizemos aqui na sala. Tá bom? ... O título da história qual vai sê?
> A_s: O abacate.
> P: O abacate?
> A_s: ⌐ A vitamina de abacate.
>   O abacate.
>   A vitamina.
>   ⌐ Abacate.
> P: *(inaudível)* quais foram os ingredientes que a professora usou? Quais foram os ingredientes? Como é que ela fez pra começá? Quem que trouxe o abacate? Que cor é o abacate? Vocês vão escrevê so-

	bre tudo isso na história. A historinha da vitamina... tá bom? E o título é "A vitamina de abacate". Pode começá (...) Coloque que ingredientes a professora usou, como é que ela fez pra misturá.
A:	Professora, ele tá fazendo o título de letra pegada.
P:	Deixa ele. Que... que ingredientes a professora usou. Como ela fez pra misturá e que que aconteceu. Que cor ficou a vitamina. O que vocês acharam. Que gosto que ficou, tá? Escrevam o que vocês acharam da vitamina, depois.

Há outras, ainda, que retomam atividades e conteúdos trabalhados com envolvimento dos alunos, buscando para este momento sua participação. O recorte da aula sobre o tema "Abacaxi" representa isto:

[09.07.91]

P:	Vocês vão escrevê o que a professora trouxe de surpresa. O que que ela fez com a surpresa. Como é que foi... pra mim mostrá a surpresa pra vocês, eu mostrei direto?
A_s:	Não.
P:	Como é que eu passei a surpresa?
A_1:	Nas equipes.
P:	Nas equipes. Então, vocês podem escrever isso. Depois o que eu fiz? Vamos relembrar!
A_2:	Botasse... hum... botasse... deixa... deixasse nós prová.
P:	Não, mas antes disso? O que é que eu fiz com o abacaxi?
A_1:	Botô no liquidificadô.
P:	Depois?
A_3:	Tirô a casca.
P:	Não! Eu tirei a casca, aqui?
A_4:	Já tinha picado já tinha... Já tava picadinho.

Pode-se dizer, finalmente, que o aluno, em cada contexto de aula, foi participante real dos trabalhos. Além do mais, mesmo que as questões promovam delimitação do conteúdo para cada produção escrita, a forma de organização discursiva e a escritura de palavras e frases são de responsabilidade do aluno, que terá de tomar decisões: que informações irá privilegiar, como irá escrever palavras e frases ainda não circuladas no ambiente de ensino e que configuração dará às idéias que deseja registrar (ou que a professora lhe indicou para registrar), porque o processo pedagógico lhe permite ter esta autonomia.

Ao lado disto, a criança tem oportunidade de experimentar a língua nos seus aspectos lingüísticos, metalingüísticos e epilingüísticos.

4.3.2 Produção escrita individual

Sem comandos rígidos e explícitos sobre seu trabalho, o aluno tem oportunidade de selecionar e organizar a própria idéia e registrá-la. O que guia essa produção é o sentido: a preocupação é administrar as próprias idéias. O domínio da produção está em suas mãos porque tem explicitado o modo da produção (nas e pelas experiências interativas que tem). Daí por que no texto-produto aflora a pluralidade de conteúdos e formas.

Na comparação, veja-se, através de quatro alunos que servem de exemplo, como as crianças retomam o assunto discutido no trabalho discursivo de maneira peculiar. Os textos resultam do desenvolvimento da aula sobre o tema "Água", transcrita anteriormente.

TEXTOS [16.05.91]

TEXTO 01 - JULIANA

	MAIO 16-05-91
A IMPORTÂNCIA DA ÁGUA	NOME JULIANA

ÁGUA A É PATOMA ÁGUA - ÁGUA - É BOA
ÁGUA - É BOA PARA - FAZE CAFÉ
FIM 1.ª SÉRIE. ROSE

TEXTO 02 - LISIANE

A IMPORTÂNCIA DA ÁGUA   LISIANE - 16-05-91-

ÀGUA FASA AGENTE SOBERVIVER E CEI ÀGUA AG

A importância da água
Água faz a agente sobreviver e sem água ag.

TEXTO 03* - THIAGO R.

A IMPORTÂNCIA DA ÁGUA
A ÁGUA SERVE PARA A PAGA FOGO, E PARA VIVE E PARA TOMAR
PARA FAZER CHÁ, NECAFÉ PARA FAZER SUCO PARA FAZE COMIDA E PARA LAVAR
CARROS E CAMINHOES E LAVAR CASA E LAVA VIDRO - E TOMAR BÃNHO
THIAGO ....
FIM 1.ª SÉRIE

* Thiago e Klaus representaram em seus textos a letra "Z" ao contrário (espelhada).

TEXTO 04 - KLAUS

        A IMPORTÂNCIA ÁGUA
A ÁGUA É DO GELO
A AGUA É AGENTEOMAE
AGETETOMABANHO
DARALAVACOSAS
ETÊBENIDARARLAVACARRO
LAVA ONIBOS
DAPARLAVACASA.
DAPRALAVANECOSISO
DAPRAFAZECOMIDEA
EDAPARFAZEBUTO
KLAUS
16-05-91

        A importância água
A água é do gelo
A água é a gente toma e
a gente toma banho
dá pra lava coisas
e também dá para lava carro
lava ônibus
dá para lava casa.
dá pra lava "NE COSISO" (?)
dá para fazê comida e
e dá pra fazê "BUTO" (?)

    O texto é aceito tal qual se apresenta. O que é dito é apenas parcialmente previsível. O momento de escrever é também um momento de distanciamento, de jogo. Como todos têm o que dizer, vão se aventurando numa escrita correlata ao "nível conceitual" em que se encontram, determinando um enredo para a narração. A multiplicidade de sentidos e formas resulta do fluxo de elementos que significam.
    Por outro lado, as intervenções da professora enquanto a atividade se dá vão no sentido de fornecer informações e expli-

cações que sustentem e superem reflexões e concepções dos alunos.

Abaixo relato um fragmento desta atitude ressaltando que há também, neste mesmo ambiente, intervenções de alunos entre si. Sentados em equipes, às vezes circulando entre elas, acham por bem ajudar igualmente seus colegas, com esclarecimentos de estratégias e descoberta de conhecimentos.

Na aula elaboravam-se textos de publicidade. Thiago escrevia sobre uma moto Honda estampada em um pequeno cartaz distribuído em aula e selecionado por ele. Enquanto escrevia a sua primeira palavra "HODA" a professora se aproximou, olhou, e perguntou:

[15.04.91]
P: O que tu escreveste, Thiago?
A: O nome da moto.
P: Vê se é assim que está escrito na moto *(aponta para a figura onde estava estampado o nome "HONDA".*
Thiago observa e apaga o final da palavra escrita "DA" e escreve "HONDA", acrescentando a letra "N". Seguindo, escreve "VIAJAR". Novamente a professora intervém).
P: Depois do nome da moto tu vais escrever viajar? Tem de escrever mais coisas!
A: Ah, vou escrever: "ela serve para viajar".
(O aluno apaga "VIAJAR" e escreve "EALA".)
P: Leia o que escreveste, Thiago!
(Ele lê "ela" e não percebe que escreveu um "a" a mais. Então a professora pede que leia novamente. Ele lê e percebe que há um "a" a mais; apaga e escreve "ELEA".)
P: Que letras vão nesta palavra, Thiago?
A: Vai o "e" o "l" e o "a".
P: Então, leia novamente.
(Thiago lê, percebe o erro, apaga e escreve "ELA" e continua "SERVE PARA VIAGAR PASIAR AZU".)
P: Leia essa palavra aqui *(a professora aponta para a palavra "VIAGAR").*

(Thiago lê "viajar". A professora insiste.)
P: Que letras constam desta palavra?
A: O "vê" e "i" o "a" o "ja", o "a" e o "erre".
P: Então, leia novamente a palavra.
(O aluno lê "viajar". Ele não percebe a troca que faz entre "j" e "g". Neste mesmo instante o mesmo aluno intervém no que o colega da frente escreve e fala apontando para a folha.)
A: Diego, Escorte, "cor" tem o "r" de rato *(o colega havia escrito "escote").*
(A professora não questiona mais sobre a palavra "viajar" escrita com "g" e sim sobre a palavra "AZU". Diz não ser possível entender o que ele quis escrever e que o que escreve tem que ser claro para ser entendido por outros que venham a ler seu texto. Thiago então apaga a palavra "AZU" e escreve: "A COR DA MOTOCA E AZUL". Um outro aluno que veio até a professora para mostrar o seu texto lê o que o Thiago escrevera, apontando para a palavra "viagar", lendo-a. Thiago só assim percebe o que escrevera. Então, apaga a letra "G" e em seu lugar coloca o "J" [...])

Quando escreve a criança está mais preocupada em ser coerente do que em encaixar palavras conhecidas em estruturas modelares. Escreve as palavras de que precisa, segundo o conhecimento que sistematizou até o momento ou de acordo com suas hipóteses. Ela segue o curso da produção com liberdade porque pode operar com qualquer palavra, enunciado ou configuração.

Para escrever, a criança lida com "o quê"/"como" fazê-lo; e é, por isto, uma escrita que tem significado para ela. Conseqüência disso, também, é que seus textos estão repletos de "erros", assim concebidos pela escola tradicional, o que nesta abordagem é demonstração da *construção* de um conhecimento e, acrescento, é demonstração de um discurso próprio.

Veja-se um recorte do relato da produção da aluna Denize, em que a observo refletindo sobre o que produz:

[09.04.91]
A: [...] "ELE GÃHO" *(ele ganhou)*
Denize relê o que escrevera e continua:
"ELE GÃHO UM O VO" *(ele ganhou um ovo)*
Lê, relê ora "ovo" ora "ovu". Fica em dúvida e deixa ovo. Continua: "E S TREZISPIGAS" *(e três espigas)*. Enquanto escreve vai soletrando: "E UM BADI DE LETE" *(e um balde de leite)*. Denize lê a palavra "leite", fica pensando em voz alta e dizendo "le", "le", "lei", "lei" e chega à conclusão de que falta a letra "i" na palavra leite. Então o inclui. Continua: "ELE GÃHO UM PACOTE DE ASUCO" *(Ele ganhou um pacote de açúcar)*. Escreveu e ao reler para continuar percebeu que tinha escrito "ASUCO" com "O". Desse modo, apaga o "o" e coloca em seu lugar a letra "a" [...].

Neste ponto gostaria de, entre parênteses, lembrar que um dos pontos fundamentais que diferenciam métodos tradicionais de alfabetização desta proposta alternativa é a percepção que esta última tem da língua em sua dimensão simbólica, isto é, a palavra carregada de significação. Neste sentido, a contribuição de Vigotski e Bakhtin são fundamentais.

O domínio progressivo da escritura está, pois, nas mãos do aluno, que decide também quando e de que modo terminará sua narrativa.

Rafael, no dia em que era produzido um texto sobre a leitura do livro "A estrela", de Tenê (1985), assim escreveu:

[29.04.91]

AESTREA E AESTRELA ESTAVA CAIDO E ÉLA CAI NO MATAGAU E DEPOISI LEVO PARA O RIO E DEPOISI
GRUDO NO PEIXE E, DEPOISI O PESCADOR LEVO PARA O BARCO E DEPOISI O TUCANO LEVO A ESTRELAPA
PARA O MATAGAUE DEBOISI ASUSITADO O VAGALUME E BORBOLETA.
FIM
1ª SÉRIA

A estrela e a estrela estava caindo e ela cai no matagal e depois levou para o rio e depois
grudou no peixe e depois o pescador levou para o barco e depois o tucano levou a estrela para o matagal
e depois assustado o vagalume e borboleta.

Ao terminar fez uma leitura, arrumou algumas palavras, olhou para mim e disse: "É só isso que eu quero escrevê."

É dessa forma que desde os primeiros textos os alunos já começam a demonstrar certa autonomia enunciativa. Tanto que em seus textos não se observam conflitos de posição enunciativa. Se eles narram um acontecimento como sujeito-narrador, representando uma personagem, eles a distinguem de si, autores. Por outro lado, se narram algo de que foram também participantes, não se constrangem em manipular recursos lingüísticos para se colocarem como sujeitos, como também representar atitudes e atividades interacionais falando de outros personagens, projetando para cada qual uma posição de enunciação bem definida. Veja-se como Michelle se coloca no texto abaixo.

[25.03.91]
Na aula os alunos confeccionaram artesanalmente uma "cesta de Páscoa" e escreveram sobre a atividade desenvolvida.

A CESTA DE PÁSCOA
A GENTE FEIS CESTA TODO MUNDO
FEIS CESTA BONITA A GENTE USOU PAPEL
TODO COLORIDO E O PAPEL FORMA UM
TRIANGULO TINHA AMARELO E AZUL E ROSA E ALARAN
JADO. AMANHÃ NOIS VÃMOS COLOCAR ALSA NA CESTA
FIM 1.ª SEIRE NOME: Michelle

A reversibilidade de papéis discursivos e a motivação fazem com que os alunos assumam, tanto no discurso oral quanto agora, no escrito, a sua subjetividade como fenômeno natural e adquiram a destreza em lidar com a auto-referência colocando-se como *sujeito*, portanto como primeira pessoa, mesmo ainda não escrevendo segundo a convenção.

Veja-se como Daniel, na mesma situação de produção apontada anteriormente, escreveu o seu texto:

Daniel

A CESTA DE PÁSCOA

Eu uzei cola e papél e um
pote de margarina os papél
éra amarelo e azul éra um
triamgulo e amanhã noz vamo
faze uma aussa na cesta.
  1.ª série

Observe-se também como Maycon manipula as relações personagens/narrador, dando ao texto uma configuração de comentário – de coisas compartilhadas.

[09.07.91]

O SUCO DE ABACAXI
09-07-91
A PROFESSORA TROUXE UM ABACAXI E A PROFESSORA FEIS SUCO DO
ABACAXI O FELIPE DERAMOU O SUCO DE ABACAXI E A PROFESSORA DEU O SUCO DÉLA
PRO FELIPE E A GENTE TOMAMOSOSUCO DE
ABACAXI.
FIM 1.ª SÉRIE MAYCON

[05.11.91]

Tomo a história em quadrinhos escrita por Juliano para representar como o aluno, sem máscaras, apenas sendo sujeito-narrador, consegue com imaginação e graça diferenciar-se, assumindo a perspectiva de autor. Alguns alunos até mesmo emitem seus pontos de vista diante dos fatos que narram. A produção de Mariá é uma boa demonstração. A proposta era a descrição da festa junina da escola, da qual participaram os alunos. Mariá não viera e escreveu assim:

[4.06.91]

A FESTA JUNINA 4/6/91

EU NÃO VIN NA FESTA QUE TEVE MAS PARESE QUE ESTAVA LE GAL DE MAS E TODO MUNDO DAQUI E DO PRÉ ELES TÃO FELIS DE MAS HOJE EU TOU FELIS DE MAS MI PARESE QUE TINHA REFRIGE RANTE E BOLA E BOLO E UMA BRISICRETA E MUITA COISAS AQUI NA ESCOLA

FIM 1ª SÉRIE

MARIÁ

Com direito a intervenção real no processo de produção, a criança coloca a sua marca, o seu estilo, resgata a polissemia, a criatividade, realizando escolhas e recusas.

4.3.3 Produção escrita coletiva

Conforme foi visto anteriormente, um dos momentos do trabalho é o que diz respeito à produção coletiva de textos. Para proceder a sua análise, transcrevo primeiramente uma aula representativa.
A aula:

[16.05.91]
Neste momento a professora se coloca como escritora/interlocutora no processo de escrita do texto e inicia esta parte da aula.

1	P:	Agora nós vamos elaborá um texto que vai sê colocado no caderno de Ciências.
2	A:	É de Estudos Sociais.
3	P:	De Estudos Sociais... O título do... do texto é "A importância da água". Então, o que é que nós vamos colocar no começo?
4	A:	A água é bom pra lavá roupa.
5	P:	Mas primeiro nós vamos colocar pra que ela é importante, ou vamos colocar para quem que ela é importante?
6	A_s:	⌈ Pra gente vivê. ⎢ Pra apagá o fogo. ⎣ Para apagar o fogo.
7	P:	O que nós vamos colocar então?
8	A_s:	(Várias vozes)
9	P:	O João Tiago está dizendo que a água é importante para quem?
10	A_{JT}:	Para os seres vivos.
11	P:	Para todos os seres vivos?
12	A_{JT}:	É.
13	P:	Então, vamos colocar isso inicialmente?
14	A:	Ã... hã...
15	P:	Depois nos vamos colocar pra que que ela serve?
16	A:	Ela serve para... *(fala ditando para a professora)*
17	P:	Primeiro nós vamos colocar isso aqui: "A água é importante para os seres vivos" *(enquanto fala a frase, a escreve no quadro)*. Vocês acompanham a leitura, tá?

(Os alunos lêem em conjunto enquanto a professora escreve a frase inicial do texto, no quadro-de-giz: A água é importante para os seres vivos.)

18	A:	A água é bom para lavar roupa.

(Alunos e professora falam concomitantemente. Não foi possível reproduzir suas falas.)

19	P:	Pois é,... aí a Denize falou... eu comecei a perguntá agora pra Denize e pros outros se a água tinha cha... cheiro. Se a água...

analisando o processo pedagógico • **133**

20	A:	A água não tem cheiro.
21	A:	A água é... é...
22	P:	Então, como é que a gente coloca isso?
23	A:	A água não tem cor.
24	A_s:	*(Várias vozes)*
25	P:	A Denize disse que ela não tem gosto.
26	A_1:	A água apaga o fogo.
27	A_2:	A água apaga o fogo.
28	A_s:	*(Várias vozes)*
29	P:	Mas nós queríamos as características da água, agora.
30	A_s:	*(Várias vozes)*
31	P:	A Mariá disse que a água é transparente.
32	A:	Então, a água tem cor?
33	A:	Tem.
34	A:	A água... ô professora... a água serve para... para... molhar as plantas.
35	P:	Nós estamos vendo... Nós estamos vendo se ela... a água... vocês viram que o ar não tinha cheiro, o ar não tinha cor.
36	A:	O ar a gente não via.
37	P:	O ar a gente não vê. Eu ia *(inaudível)* que a água tem cheiro?
38	A_s:	Não.

(Alunos e professora discutem sobre a cor, odor e sabor da água, depois é escrito e lido: "A água limpa não tem cor, cheiro nem sabor.")

39	P:	Vamos ver o que que a gente escreveu até agora?

(O grupo lê coletivamente o conteúdo escrito no quadro-de-giz.)

40	A:	Ela serve para molhar as plantas.
41	P:	Colocar isso agora?
42	A_s:	É.
43	P:	A água... *(fala e escreve)*. Quando a gente fala que alguma coisa serve que ela tem o quê? Muitas?... Ã?... O que é que a gente pode fazê com a água? Pode fazer muitas o quê?

44 A: Muitas coisas.
45 P: Muitas coisas, né? Então a água serve para se fazê muitas coisas, né?
46 A: Para molhar as plantas.
47 P: Então, a água é útil ou ela não é útil. Ela é útil?
48 A_s: É.
49 P: Hein, João Tiago? *(aproveita para chamar a atenção do aluno que, no momento, conversava com o colega)*
50 A_{JT}: É.
51 P: Ela é o quê?
52 A_{JT}: Ela é útil.
53 P: Ela é útil? Como é que nós vamos colocá aqui?
54 A: A água é útil.
55 P: Para quê?
56 A: Para molhar as plantas.
57 P: A água... *(fala e escreve).* E se a gente colocá que a água pode ser usada para várias coisas?
58 A: Pra lavá carro...
59 P: Pois é, mas aí nós vamos colocá pra que a água serve, pra que que é utilizada. E se a gente colocá que ela serve para fazê muitas coisas? Hum? O que vocês acham, heim? O que que vocês acham da gente coloca isso?... A água serve para muitas coisas? *(fala esta última frase e, concomitantemente, vai escrevendo-a no quadro).*

(O grupo discute sobre para que a água serve: para lavar roupa, louça, tomar banho, lavar automóveis, ônibus, carro, para o bombeiro apagar o fogo, para os seres vivos. É escrito no quadro e lido: Usamos a água para lavar roupa, louça, para tomar banho...)

60 A_{RO}: A boca fica seca... e a água... a boca fica seca.
61 P: A boca seca.
62 A_{RO}: Sem a água a boca seca.
63 P: A boca... então nós utilizamos a água para quê?
64 A: Para molhar a boca.

65	A_s:	*(Várias vozes)*
66	P:	Mas o que que é molhar a boca? Como é que a gente diz?
67	A:	Professora, serve para bebê.
68	P:	Beber, não é? Para beber... *(fala e escreve)* E que mais que também é muito importante?
69	A_s:	*(Várias vozes)*
70	P:	E se nós comermos os alimentos sujos?
71	A:	A gente... fica com cólera.
72	P:	Com cólera e com o que mais?
73	A_1:	AIDS.
74	A_2:	Com cólera, a gente fica.
75	A_3:	Diabete.
76	A_s:	*(Várias vozes)*
77	P:	Então, tem que fazê o que com os alimentos?
78	A_1:	Tem que lavá.
79	P:	Então, a água serve para lavar os alimentos, né? Para... lavar... *(enquanto fala, escreve no quadro-de-giz)*.
80	A_2:	E também para... para... *(fala ditando)*.
81	A_3:	Para escovar os dentes.
82	P:	Mas tem alimentos que a gente tem que cozinhar, não tem?
83	A_s:	Tem.
84	A:	Pinhão...
85	P:	E... cozinhar... para lavar e cozinhar... os alimentos *(fala e escreve "e cozinhar os alimentos")*.
86	A:	Fim, primeira série.

(A professora escreve no quadro: fim, primeira série.)

Texto construído:
A importância da água
A água é importante para os seres vivos.
A água limpa não tem cor, cheiro nem sabor.
A água serve para muitas coisas.
Usamos a água para lavar roupa, louça, para tomar banho, para beber, para lavar e cozinhar os alimentos.

FIM - 1.ª série

Esta prática se fez presente durante todo o ano letivo, como momento de geração de textos, elaborados em conjunto. Inicialmente realizado após o processo discursivo e, depois, seguindo a produção individual, esse trabalho, coordenado pela professora, procura, por um lado, fornecer elementos àqueles alunos que ainda não têm domínio da escrita, através de uma atividade co-participativa, e, por outro lado, a elaboração do próprio material de estudo que servirá para outros fins (outras atividades de conhecimento lingüístico ou de áreas como Ciências – como é o caso do texto produzido na aula representativa – História, Artes etc.). É, pode-se dizer, um momento que busca sistematizar idéias e opiniões e conteúdos em circulação nas etapas antecedentes.

A professora é quem escreve o texto, mas colocando-se sempre como interlocutora: um trabalho deste tipo implica decisões consensuais sobre o que escrever e o modo de fazê-lo numa (re)negociação contínua entre os sujeitos envolvidos. Assumindo este papel, ela procura organizar as vozes elaborando perguntas e asserções para encaminhar o processo, de forma a manter a coerência do texto, com vistas a um possível leitor.

A responsabilidade do resultado não se concentra em um único locutor – ela é compartilhada: nenhum dos lados conhece, antecipadamente, o produto final – com ressalva para o tema.

Ali, em cada etapa da construção textual, cada enunciado é submetido à (re)negociação nos seus mais variados aspectos: textual-discursivo, semântico, gráfico-configuracional etc., tal qual requer uma produção construída a várias vozes. "Ter vez" é conquista numa aprendizagem de posições (ora locutor, ora ouvinte; ora narrador; ora escritor – pelo ditar e sugerir enunciados ao outro; ora leitor).

Um indicativo, além das manifestações explícitas destas atividades, são as raras falas sobrepostas ou em coro; mesmo quando acontecem, por elas se discute, geralmente, o tópico em questão ou se ratificam decisões consensuais. Os turnos 6 e 42 da aula representativa são exemplos.

Neste momento, vou me valer da aula representativa e de outras acontecidas sob o mesmo contexto, para exemplificar a ação interativa. A fala da professora nos turnos 3 e 59 da aula representativa e um outro recorte que faço de uma aula na qual se produzia um texto a partir do reconto da história infantil "Pepita, a piaba" (Contijo, S.A.F., 1988) retratam como acordos são propostos e firmados quando se negociam sentidos.

[16.12.91]
P: Como é que nós vamos começar o texto?
A_{JT}: No fundo da lagoa...
A_J: Lá no fundo da lagoa la... é... mo...é... morava Pepita.
P: Repete a frase, Juliano!
A_J: Lá no fundo da lagoa vivia Pepita.
P: E a tua, João Tiago?
A_{JT}: É... no... na lagoa...no... no rio... vivia...
P: Vamos continuar?
A_{JT}: No fundo do rio, vivia Pepita.
P: Qual é a tua frase, Juliano?
A_3: Não é no rio.
A_J: É... lá no fundo da lagoa vivia... vivia a Pepita, a piaba.
P: Só um pouquinho, vamos ouvir o João Tiago, fala!
A_{JT}: É... no fundo do lago vivia Pepita.
P: Era uma lagoa ou num rio que a Pepita vivia?
A_4: Lagoa.
P: Ã?
A_s: Lagoa.
P: Era uma lagoa?
A_s: Era.
A_5: Eu acho que era rio. Ou lagoa?
A_6: Era rio.
P: Ã?
A_J: Eu pensei que era... era uma lagoa.
P: Vamos ver.
(A professora pega o livro e lê: "Lá no fundo do rio...")

Neste recorte foi gerada uma polêmica sobre a correspondência referencial no início da narrativa (lagoa/rio) a qual só é desfeita quando a professora se apossa do livro e lê a passagem que cita "rio" e não "lagoa" como lugar da moradia de Pepita.

Outro recorte da mesma aula envolve as experiências das crianças fora do contexto escolar, que as autorizam e as legitimam quando da sustentação de seus argumentos. O episódio deu-se após uma aluna reler para a turma uma parte já escrita do texto em elaboração na qual constava o seguinte enunciado: "Pepita queria ser grande, tomava pílulas de vitamina e fazia ginástica de peixe". Ao lê-lo, a aluna primeiro leu "pírulas", depois, "pílulas". Ao terminar a leitura o processo continuou:

1 P: Tá, e aí o que é que nós vamos colocar agora?
2 A_1: Mas ela... mas ela conti... mas ela continuava miudinha.
3 P: Mas ela continuava miudinha? É?
4 A_2: E não adiantava.
5 A_3: E nada adiantava.
6 P: Oi? Por que vocês acham que não adiantava?
7 A_5: *(Várias vozes)*
8 A_4: Rose, é pílulas?
9 A_5: É pílulas, mesmo.
10 A_6: É certo. É pílulas.
11 P: Como é que tu botaste na tua o Li... o Lucieri? *(refere-se à aluna que havia falado no turno 8. Esse "na tua", diz respeito à produção individual anterior)*
12 A_4: Pírulas.
13 P: Ã! Como é que é o certo: é "pírulas" ou "pílulas"? *(fala dirigindo se ao grupo)*
14 A_s: É pílulas.
15 A_5: A minha mãe disse que era pílulas.
16 P: Ah, a tua mãe disse que era pílulas.
17 A_6: Ah, eu vi pílulas na história em quadrinho.

Aqui pode-se observar que a responsabilidade pelo sentido é também sustentada pelos alunos. Eles o assumem firmando suas opiniões (turnos 9, 10 e 14), buscando legitimar o conhecimento em outras fontes que não o professor (turnos 15 e 17). É a polêmica sendo gerada e desfeita entre os próprios alunos, numa dinâmica interlocutiva fomentada pela professora.

A leitura feita por alunos é uma prática comum neste contexto de aula. Para manter uma organização textual-discursiva através de seqüências lingüísticas, Rose procura intermediar o processo de escritura com leituras pelas quais o aluno tem oportunidade de estabelecer uma seqüência coerente à produção pela sintonia do "já dito" e do "a dizer"; além disso, experienciar a posição enunciativa de leitor. Veja-se um exemplo retirado da aula representativa.

39 P: Vamos ver o que a gente escreveu até agora?
(O grupo lê coletivamente o conteúdo escrito no quadro-de-giz.)

Os sentidos vão também sendo aprimorados, precisados. Para o primeiro caso, os turnos 40 a 59 da aula representativa são um bom exemplo. Ali, ora a professora procura reelaborar o enunciado (turnos 43 e 45), ora conduz a uma resposta determinada (turno 47), também aproveitando estes momentos para tentar preservar, no texto, vocábulos mais próximos da variedade de língua veiculada na escola ("para se fazê muitas coisas", turno 45; "útil", turno 47). Porém, sempre procura jogar a sugestão para o grupo decidir ou confirmar, conforme o caso (turnos 53, 57 e 59). Para o segundo caso, tomo um episódio de uma outra aula, na qual os alunos interagem para aperfeiçoarem enunciados.

[04.07.91]
1 P: Mas que surpresa que tinha dentro do saco?
2 A_1: Tinha amendoim.
3 A_2: A palavra amendoim.

4 P: Dentro do saco tinha... *(fala enquanto escreve no quadro-de-giz)*
5 A_s: A palavra amendoim.

Nele está representada a fala de um aluno (turno 3), acrescendo, ao conteúdo já falado por um colega no turno 2, outras informações, que precisam este conteúdo. Os demais concordam (turno 5).

Às vezes este refinamento de sentido é negociado entre professora e alunos.

[04.06.91]
P: [...] Quem dançou a quadrilha?
A_1: A Bárbara.
A_2: O Maycon.
A_3: Poucas pessoas ⎡ dançaram
A_4: ⎣ o Maycon
P: Alguns alunos, né?
A: É.
P: Foram todos os alunos que dançaram?
A_s: Não.
P: Foram alguns... ⎡ teve menino e menina que dançou.
A_1: ⎢ a maioria
A_2: ⎢ alguns
A_3: ⎣ alguns dançaram
P: Vamos colocar alguns alunos?
A: É.
A: Professora, daí alguns alunos dançaram.
P: Ah, do Pré foram todos. Alguns alunos... só os meninos, né? Vamos colocar os meninos?

Quero registrar um outro tipo de situação também viabilizada neste contexto: o aluno toma o turno para renegociar um sentido já tido como consensual. Tendo em vista os argumentos apresentados, ele é reformulado, num exemplo de autonomia discursiva.

Na aula cujo tema era "Amendoim", após a polêmica sobre o que era mais indicado escrever como complemento ao enunciado: "A professora deu uma mão cheia de amendoim", se: "para cada criança"; "cada um"; "cada aluno" ou "para os alunos" havia-se decidido pela última expressão, mas uma aluna questiona (turno 4).

[04.07.91]
1 P: Para os?... Para os? *(fala e escreve no quadro: "para os")*. Alunos *(fala e escreve alunos).*
2 A_s: Alunos.
3 P: E aí?
4 A_1: Ô professora... professora... ô, professora coloca pessoas porque tem mais pessoas do que alunos.
5 P: Ah, porque a Nelita comeu, né? Então eu boto para as pessoas?
6 A_2: Mas a professora não comeu.
7 A_3: Ah, não! ah, não! Ela não comeu *(fala desejando enfaticamente afirmar).*
8 P: Para as pessoas? O que vocês acham? Colocar pessoas ou crianças?
9 A_s: Pessoas.
10 A_s: *(Várias vozes)*
11 A_1: Pessoas, porque tem mais pessoas do que alunos.
12 A_4: Tem mais pessoas do que alunos.
13 P: É? A professora deu uma mão cheia de amendoim torrado para as pessoas... *(a professora, enquanto fala, apaga do quadro a expressão "os alunos" e substitui por "as pessoas")* Para as pessoas que estavam... aonde?

Outro exemplo pode ser representado pelo episódio que transcreverei a seguir. Neste segmento de aula discutiam-se e levantavam-se as utilizações possíveis do amendoim (para fazer adubo, pé-de-moleque, cartucho etc.) quando, neste meio, a professora intervém privilegiando seu uso comestível, sugerindo que fosse colocado no texto um hiperônimo: "doces" para abarcar as correspondentes utilizações.

[04.07.91]
1 P: Fazer doces, né?
2 A_1: Do... doces é melhor, professora.
3 A_s: *(Várias vozes)*
4 P: Doces, bolos...
5 A_2: Bolo *(fala enquanto a professora escreve a palavra doces no quadro-de-giz).*
6 A_3: Bolos *(fala enquanto a professora escreve).*
7 A_4: Bolo *(fala, enfaticamente, ditando).*
8 A_1: Professora, professora... é melhor botá e... etcetera porque não vai sabe tudo.
9 P: É bolos e tortas. Bolos... eticetera *(enquanto fala, escreve "etc." no quadro-de-giz).*

No turno 2, um aluno confirma a adequação do vocábulo sugerido pela professora. No turno 4, no entanto, ela desestabiliza a função hiperonímica do termo "doces", incluindo outro hipônimo. O mesmo aluno, no turno 8, provavelmente percebendo que os demais colegas haviam "acatado" a nova direção, sugere "outra saída" para restringir a narração das muitas utilizações do amendoim, já que esse era o desejo da maioria.

Este outro caso registra uma negociação em que alunos e professora interagem em favor da consistência textual, procurando manter a coerência enunciativa no momento da sua construção. O recorte foi retirado de uma aula em que se produzia o texto a partir do reconto da história infantil "O Barco", de Mary França e Eliardo França (1984).

[26.06.91]
A_1: Ele viu um jacaré, um jacaré dormindo e uma onça beber água.
P: Ã.
A_1: O... ele viu um, um jacaré dormindo.
P: Quem que viu?
A_1: O menino viu um, o jacaré dormindo e... e... e uma onça beber água.
P: Como é que nós vamos colocar, então? Ele falou: "Vou ver." O que é que ele vai ver mais, então?

A_2: Vou ver.
A_3: Vou ver a...
P: Quem está falando é o menino, então, de repente eu não posso colocar "vou ver" e, depois, "ele viu", porque o menino está contando a sua história, não tá?

O texto coletivo vinha sendo narrado na primeira pessoa do singular pela voz da personagem da história; no entanto, um aluno, ao colocar a sua sugestão para a continuidade do conteúdo do texto, identifica-o como uma "terceira pessoa" – ele. Neste momento a professora intervém, diferenciando os papéis enunciativos. Às vezes, é a professora quem tenta manter a seqüência das informações, recordando conteúdos lidos ou trabalhados nas etapas do processo discursivo. Veja-se:

[04.07.91]
A_1: E depois, a... a... Rose, pegou uma mão é... de amendoim *(o aluno referia-se a "pegar um punhado de amendoim")*.
P: Mas aí, antes de eu dar o amendoim o que nós, o que vocês fizeram com aquele papel?

Mas como os alunos foram participantes ativos, nem sempre este tipo de controle é exclusividade do professor. Também eles mantêm o controle da coerência seqüencial das informações, encaminhando o processo segundo suas experiências ou conteúdos lidos (no caso dos recontos).

Para exemplificar tomo um recorte no qual alunos, entre si, polemizam sobre a reconstrução de uma passagem da história lida, tentando ser fiéis a ela.

[16.12.91]
A_1: E os pescadores... e os pescadores... pegaram todos os peixes... menos Pepita, a piaba.
A_J: Não, não era isso!
P: Fala, Juliano:

A_J: Era assim ó: os pescadores jogaram uma rede no rio e... e pegou todos os peixes.

Quanto às discussões sobre o modo de concluir os textos, também aqui se observa a co-responsabilidade. Há situações em que os alunos decidem entre si pelo final do texto e a professora acata.

[26.06.91]
P: Fui longe... *(fala e escreve no quadro-de-giz: "Fui longe")*
A₁: Fim, primeira série.
A₂: É. Primeira... primeira série.
(A professora termina de escrever o enunciado sugerido "Fui longe ... longe com meu barco de papel" e, em seguida, escreve "Fim, 1.ª série", finalizando o processo de produção.)

Em outras, a professora não concorda, e induz à continuidade:

[04.07.91]
P: E agora?
A: Fim, primeira série.
P: Mas o que nós podemos falar mais do amendoim?

Uma outra observação a ser feita diz respeito às normas disciplinares. Aqui, do mesmo modo que fazia nos encaminhamentos das outras etapas do processo, chama a atenção dos alunos, procurando solicitar opiniões ou idéias, justamente daquele que está disperso, como está registrado na aula representativa (turno 49). Uma outra forma é chamar a atenção justificando a atitude. Veja-se:

[16.12.91]
P: A equipe da... da Liliane que está conversando sobre o Show da Xuxa, agora tem que prestar a atenção,

né? Porque depois vocês não vão saber o que está escrito na história. Na hora do recreio vocês brincam de... com o microfone, tá legal? Como é que nós vamos continuar? Faça a leitura agora, o Daniel.

Estas atitudes são, como já disse, tentativas de amenizar a assimetria da relação professor-alunos em classe, marcada pela tradição escolar. A forma menos autoritária propicia uma atmosfera de intercâmbio produtivo. Há comprometimento mútuo em torno de um objetivo comum. A conseqüência deste *estar com/fazer com* é a construção de um discurso entrelaçado pelas falas múltiplas, marcadas, em muitos episódios, por operadores lingüísticos. O recorte abaixo exemplifica:

[16.05.91]
77 P: *Então*, tem que fazê o que com os alimentos?
78 A_1: Tem que lavá.
79 P: *Então*, a água serve para lavar os alimentos, né? Para... lavar *(enquanto fala, escreve no quadro-de-giz)*.
80 A_2: *E também* para... para *(fala ditando)*.
81 A_3: Para escovar os dentes.

Este tipo de prática pedagógica permite que se observe, também, o trabalho cognitivo que os sujeitos fazem sobre a linguagem. Em certas falas há evidência do exercício de operações epilingüísticas (hesitações, pausas, autocorreções, reelaborações, etc.). Uma destas evidências tem a ver com a manifestação das relações que os sujeitos fazem entre o que se enuncia e sua escrita. A fala do aluno Rafael O. representa esta situação.

Quando ele aparece no processo discursivo – portanto, num discurso não imediatamente a serviço da escrita – usa a sua variedade de língua. No exemplo pinçado da aula sobre o tema "Amendoim", quando é solicitado que falem sobre o modo de fazer cartuchos, Rafael O. se antecipa e diz:

[04.07.91]
A: A gente coloca numa panela com água, *deixemo fervê*, depois derrama o amendoim... coloca açúcar, *pra fazê cartucho*.

Na mesma aula, agora numa situação de prática discursiva a serviço da escrita coletiva, ao ditar sua idéia à professora se autocorrige, ao perceber que sua variedade de língua não é adequada na composição daquele texto. É uma demonstração de percepção da relatividade do uso lingüístico (turno 6). Constate-se:

[04.07.91]
1 P: E aí como é que continua?
2 A_1: Dentro do papel... *(fala ditando)*.
3 P: Ã?
4 A_1: Dentro... *(fala ditando)*.
5 P: Ã? *(a professora está escrevendo no quadro-de-giz, portanto, distante dos alunos, o que dificulta a sua audição)*
6 A_{RO}: Para *discobri*... para *discobrir* nós usamos o olfato *(fala ditando)*.

Uma outra ocorrência (neste caso, de acréscimo) está representada através da conduta de um aluno que, ao apresentar sua idéia como sugestão para o início do texto, interrompe o curso da fala e retoma o enunciado para reelaborá-lo, incluindo um termo especificador que não havia focalizado, e, assim, explicita a seqüência pretendida:

[18.06.91]
P: Tá bom. O Juliano me deu uma idéia, heim? Repete, Juliano.
A_J: A Rose trouxe... três tipos de café... café seco. O segundo é caf... o primeiro é seco, o segundo é torrado e o terceiro é em pó.

Este tipo de manifestação indica uma operação epilingüística pela qual o aluno tenta processar, pela fala, uma linguagem própria para enunciados escritos. Porém não só. Se forem consideradas suas experiências nos momentos antecedentes à prática da produção coletiva, pode-se verificar que, na oportunidade que teve de colocar-se na posição enunciativa de quem escreve – pela produção individual –, já organizou, discursivamente, um texto. Neste caso, ao lançar suas sugestões no contexto da escrita coletiva o faz baseado no modo como as organizou em seu próprio texto. O texto escrito por Juliano comprova. Observe-se a parte assinalada "1[ ]" e compare-se com a que ele fala no recorte anterior.

[18.06.91]

18-06-91 o café

o nome do pé do café é cafeiro e o café vem
de uma casca 1[a professora trouxe três
tipos de café o primeiro foi o seco
o segundo foi o torrado e o terceiro
foi em pó] 2[o café é feito eles deicham o
café secar e depois eles torram e
móem o café] e passam o café um
pacote e vendem a marca é
campéche.

fim 1.ª série
Ass: Juliano

Outro indicativo que favorece esta hipótese aparece numa outra fala do mesmo aluno, em que sugere, para a continuidade do texto, o seguinte enunciado:

[18.06.91]
A: O... o... café é feito de... primeiro... o... eles deixam
     secá, depois eles... eles torram, depois eles moem.

Compare-se com a demarcação "2[ ]" representada no texto escrito pelo aluno.

Na comparação fala/escrita se evidencia a aprendizagem da passagem do discurso oral para o escrito e vice-versa, num movimento de intersecção/inter-relação que dispensa modelos para efetivar este conhecimento. Os alunos podem "passear" pelas mais variadas situações de escrita, caminhando aos poucos para a autonomia discursiva.

Reflexões finais

1. CRUZAMENTOS

A análise dos processos discursivos dos diferentes trabalhos pedagógicos, projetada sobre o binômio ensino/aprendizagem da escrita textual, põe em evidência a natureza diversa da mediação que se estabelece aqui, para a relação sujeitos/objeto.

Apesar de estas práticas apresentarem certos pontos comuns – a opção pelo texto como propulsor para o domínio da linguagem escrita; táticas didático-metodológicas (formulação de um referencial para a escrita de textos, escrita coletiva, escrita individual, preocupação com a seleção de temas desencadeadores – contextualização – categorias presentes no mundo das coisas, pessoas, animais etc.); recursos didáticos a partir de materiais concretos trazidos, sempre que possível, à sala de aula, e previsão da participação do aluno na elaboração dos textos e escolha de temas –, há entre ambas limites que são fundamentais.

Isto porque, como foi visto nos tópicos anteriores, as práticas se sustentam em concepções teórico-metodológicas específicas implicadas em determinantes mais amplos – sociais, políticos, econômicos, culturais, discursivos e ideológicos (formações ideológicas, sociais e discursivas) –, que lhes fornecem significados e formas de execução peculiares, configurando, pelo funcionamento do jogo das relações a estabelecer, tipos diversos de discurso. O que é condição básica, por sua vez, do que a criança pode ou não produzir em sala de aula (em modalidades discursivas orais e escritas).

Para melhor visualizar a dinâmica de inter-relações implicadas na condução dos processos de ensino e na aprendizagem da escrita textual analisados, represento-a mediante um gráfico.

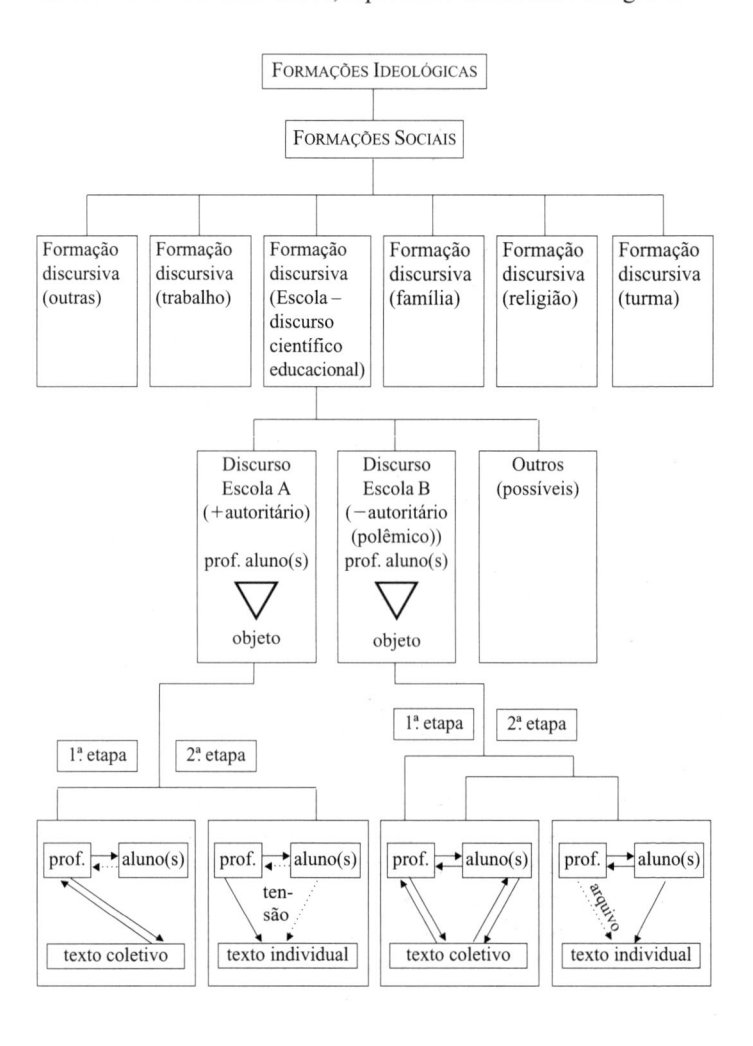

```
                    FORMAÇÕES IDEOLÓGICAS
                             |
                    FORMAÇÕES SOCIAIS
```

| Formação discursiva (outras) | Formação discursiva (trabalho) | Formação discursiva (Escola – discurso científico educacional) | Formação discursiva (família) | Formação discursiva (religião) | Formação discursiva (turma) |

| Discurso Escola A (+autoritário) prof. aluno(s) ▽ objeto | Discurso Escola B (−autoritário (polêmico)) prof. aluno(s) ▽ objeto | Outros (possíveis) |

1ª etapa | 2ª etapa   1ª etapa | 2ª etapa

| prof. ⇄ aluno(s) | prof. ⇄ aluno(s) | prof. ⇄ aluno(s) | prof. ⇄ aluno(s) |
| texto coletivo | tensão texto individual | texto coletivo | arquivo texto individual |

152 • *reflexões finais*

Observando os dois ambientes, percebe-se que a forma da mediação *sujeitos* (professor e alunos) e *objeto de conhecimento* (textos escritos) é diversa tanto em relação a *quem*: professor/alunos, alunos/professor ou alunos entre si; quanto a *forma*: mais interativa ou mais monológica, a qual, por sua vez, implementa uma rede de relações peculiar, influente no processo da aprendizagem.

Refazendo o percurso do processo no contexto da Escola A (ver gráfico, indicação 1ª etapa e 2ª etapa), constata-se que a relação entre alunos e texto escrito se dá de forma indireta. Trabalhando com um método de alfabetização cuja abordagem de língua é estruturalista, o professor transforma o conhecimento da escrita textual (coletiva ou individual) em conteúdo a ser transferido a alunos de forma fragmentada (passo a passo), como objeto a ser ensinado para, assim, ser aprendido. Por isso converge para si o acesso do aluno ao texto escrito, conferindo-lhe uma condição passiva diante do processo da produção – o que compromete profundamente a liberdade e a criatividade*.

Isto não significa, porém, que o aluno seja um elemento ignorado na relação. Ele tem participação e, como foi visto na análise da prática discursiva, até mesmo o professor precisa dela para legitimar o que faz e fala. Mas é uma participação contida, dado que o professor oculta o objeto de conhecimento (textos escritos), isto é, as operações de funcionamento da produção real, e dificulta a experimentação de um processo discursivo (diz-se sobre o objeto).

As experiências socioculturais anteriores dos alunos, suas questões, críticas e posições são abafadas em favor do princípio metodológico que privilegia a transferência das propriedades formais do texto e de um léxico a ser assimilado pelo aluno progressivamente (método analítico). Ao invés de textos constituídos no processo de interação, nascem textos higienizados, produzidos no âmbito do domínio da técnica da construção e não de uma escrita comunicativa e significativa.

* O termo "criatividade" é entendido aqui como o que "instaura o diferente na linguagem", como contraponto do termo produtividade, processo que procura "manter o dizível no mesmo espaço do já instituído (o legítimo, a paráfrase)" (Orlandi, 1988, p. 20).

Tudo o que é dito ou feito tem de passar pelo filtro do professor que, durante as propostas de escrita coletiva, seleciona palavras e enunciados e, posteriormente, na individual, oferece um esquema narrativo e uma total organização discursiva. Toda relação possível do aluno com textos escritos é absorvida pelo controle exercido pelo professor na mediação: controle do discurso oral, da aquisição do sistema gráfico, em favor do escrito (de um certo tipo de texto-produto), de posições enunciativas, de normas interacionais, dos aspectos sintáticos, semânticos etc. Com o domínio da voz e da escrita fomenta e faz vigorar a monologia e a escrita parafrástica, porque diminui a mobilidade interpessoal que garantiria ao aluno e a si próprio, como professor, um trabalho produtivo em todas as instâncias. Os passos do método sobrepõem-se ao processo de aprendizagem peculiar de cada aluno, e por eles o professor fornece um modelo de ação único para toda a classe. Conseqüentemente, omite outros modos de operar com este tipo de expressão, isto é, com a diversidade de gêneros discursivos.

O objetivo implícito é facilitar, mas com esta atitude gera dependência e escrita homogeneizada, dificultando o acesso do aluno a seu próprio texto (tensão). Por trás desta atitude pode estar alojado o germe dos bloqueios que muitos indivíduos enfrentam quando solicitados a escrever um texto longe de modelos ou de quem lhes diga o que e como fazê-lo. Este sentimento pode também advir do crivo das censuras (normatizações) por que passam os textos.

No contraponto, o professor da Escola B (ver gráfico, indicação 1ª etapa e 2ª etapa) procura, desde os primeiros encaminhamentos, dar oportunidade do contato do aluno com o objeto de conhecimento (textos escritos), encorajando, pelo *redimensionamento* do papel do aluno como locutor, a sua atuação em discursos orais e escritos sem que este se desaloje de seu próprio universo sociocultural.

Sem seleção de referencial lingüístico por parte do professor, para as atividades propostas, o aluno tem condições favoráveis para processar concepções e procedimentos de ação próprios da sua experiência de mundo com aqueles agora veiculados na escola através da heterogeneidade da escrita e do contato com a diversidade de gêneros escritos.

Nestas condições a aprendizagem fica marcada pela riqueza da pluralidade significativa trazida de uma sabedoria própria ou aquela construída no contato social com a do outro (colegas e professor) porque está privilegiada uma representação com sentido também para o aluno, sem instruções explícitas de regras lingüísticas a seguir.

A mediação que o professor exerce se dá no sentido de fornecer as coordenadas para a apreensão do conhecimento da produção textual num ambiente interativo. Seu papel é mais do que o de transmissor de informações. Ele pretende antes provocar a polêmica, estimular o debate para que, pela reversibilidade de papéis, seja mais que interlocutor, seja intérprete das questões, dos pontos de vista levantados por ele e pelos alunos.

Desse modo, pelas atitudes e atividades desenvolvidas, a concepção de linguagem com a qual trabalha ganha a dimensão de atividade humanizadora, efetuada entre indivíduos sóciohistoricamente situados. Aí o aluno não é apenas o pólo receptivo. Ele intervém no processo se co-responsabilizando por aquilo que é produzido.

Para uma relação deste tipo, o objeto do discurso tem de se manter à mostra a fim de que os participantes "indiquem perspectivas particularizantes". Por isso, desde as primeiras experiências com a modalidade textual há a reversibilidade de papéis e a relação aluno/textos escritos não é apenas aquela mediada pelo professor (de orientação/informação). Figurando como produtor, o aluno manipula igualmente operações de linguagem (conhecimentos lingüísticos, discursivos e de mundo) requeridas para a escrita.

No espaço específico da escrita individual o professor funciona preferencialmente como um arquivo de retorno a questões fundamentais já discutidas e situações experienciadas. Tanto que o resultado é uma escrita heterogênea, desde as primeiras experiências. É um espaço praticamente exclusivo do aluno.

Pelo cruzamento das práticas nas duas escolas constata-se, portanto, que tanto o professor da Escola A quanto da B exerceram um papel mediador no processo de transmissão/construção do conhecimento, porém a forma como o desenvolveram, isto é, através de um discurso mais autoritário da parte de um e mais polêmico da parte do outro, foi determinante do tipo de processo e do produto final.

2. CONCLUSÃO

Considerando a multiplicidade de movimentos que se deixam apontar num trabalho de pesquisa deste porte, tento, a título de conclusão, conjugar pontos fundamentais aqui descritos a outros, os quais, em conjunto, poderão servir como sugestão para encaminhamentos da prática pedagógica da língua escrita.

Entendendo ser difícil traçar um paralelo entre as duas escolas, dada a especificidade dos encaminhamentos didático-metodológicos, procuro, tanto quanto possível, identificar o que é próprio de cada uma, estabelecendo relação entre as constatações feitas e os objetivos delineados.

Uma das evidências que a investigação permitiu constatar é a de que práticas sensivelmente diferenciadas têm como fator desencadeador e princípio gerador as concepções de linguagem e de aprendizagem subjacentes ao fazer pedagógico. Neste sentido, tenho a considerar que a questão se centraliza na subjetividade quanto ao exercício das posições enunciativas.

Fazendo remissão à análise do acompanhamento do processo, pode-se verificar que a professora A, apoiada em um discurso escrito (discurso do manual ou do método), encontra nele um modelo para encaminhar o "seu". As próprias características deste método contribuíram decisivamente para que se operasse como reprodução o processo de elaboração dos discursos, sem garantir a criação de um espaço ao jogo intersubjetivo. Como decorrência ainda do discurso do método, a professora A, coerente com as diretrizes, pautou-se por uma prática significativamente coercitiva, o que restringiu a reversibilidade das posições enunciativas, bem como o espaço do aluno, dificultando-lhe trazer para o contexto de ensino sistematizado sua experiência de vida.

No que se refere ao discurso escrito, especificamente, ficou evidenciado o despojamento das marcas enunciativas e a dificuldade de o aluno se auto-referenciar, inclusive deixando registrado em seus textos conflitos na tentativa de se fazer ver (aparecer).

Apoiada no discurso da reprodução, a preocupação da professora foi no sentido de fornecer um modelo de texto, cujas marcas formais, privilegiando mais a palavra treinada do que um exercício de construção de sentidos, traduzem uma escrita que se afasta dos padrões de textualidade.

Por outro lado, reportando-nos à análise do processo da professora B, é possível verificar que a sua orientação de trabalho situa num outro contexto as relações de ensino e de aprendizagem da língua escrita. Isto porque procura relacionar sua ação pedagógica à concepção de linguagem como prática social, ou seja, tornar esta prática conseqüente.

Por acreditar na dialogicidade da linguagem, procura construir o seu discurso nas situações imediatas de sala de aula sem ter a preocupação com um modelo prévio, já compendiado. Desta forma, ficou muito forte a evidência da bipolaridade no exercício de posições enunciativas que contribuíram para a emergência da intersubjetividade. Como decorrência, o aluno pôde dizer sua palavra experienciando o domínio das estratégias discursivas e da auto-referência. A marca fundamental deste trabalho foi um produto onde se pode identificar algo que gostaria de chamar aqui "estilo", ou, pelo menos, o projeto para a busca de um estilo. Isto foi possível pela viabilização do próprio impulso para exprimir, embora o aluno não pudesse fazê-lo, inicialmente, nos moldes convencionais.

Um fator muito positivo decorrente desta postura metodológica e que pôde ser demonstrado pela investigação foi o desenvolvimento da capacidade reflexiva através de operações lingüísticas, metalingüísticas e epilingüísticas. É importante ressaltar que este resultado deveu-se à valorização atribuída pela professora da classe a estas operações de linguagem. Ficou assim demonstrada a heterogeneidade discursivo-textual, conseguindo o aluno manipular com destreza posições de enunciação e recursos lingüísticos, ainda que ligadas a suas hipóteses e conceituações (emergentes).

Por conseguinte, se os textos-produto apresentam "erros" não aceitos pela escola tradicional, trazem a história de cada aluno e o estilo neles inscritos. Não necessitando imitar, copiar, repetir a palavra do outro (professor/discurso do método), mas tendo autonomia discursiva, o aluno consegue fazer suas escolhas e recusas, e os "erros", nesta perspectiva, passam a funcionar como sintomas de um importante processo, que não deve ser desconhecido pelo professor.

Uma observação a ser feita com relação à intersubjetividade na linguagem diz respeito à modalidade escrita. Se na Escola A esta questão ficou prejudicada não apenas em nível de língua escrita, mas no próprio discurso oral, pelas restrições impostas pelo discurso do método, na Escola B pode-se sentir que a professora, pela própria postura teórica assumida, transformou a sala de aula num ambiente de envolvimento, diminuindo ao máximo a assimetria entre professor-aluno(s). A posição assumida por cada um dos interlocutores foi decisiva para a instauração de trocas intersubjetivas.

No entanto, é preciso observar que, em nível de produção escrita, a professora B não demonstrou ter como preocupação definir um interlocutor funcional e com isto também, nesta modalidade de linguagem, fazer acontecer o princípio interativo da linguagem, ou seja, preencher a bipolaridade necessária (locutor/escritor, interlocutor/leitor). Desta maneira, tanto na Escola A quanto na Escola B os textos têm como interlocutor previsto a escola (instituição). Não há vivências na direção de escritas dirigidas a um interlocutor definido como é comum em produções escritas funcionais.

Conclui-se que o processo de ensino na escola ainda está mais a serviço desta instituição (preso aos seus próprios quadros) do que de um ensino e escrita legítimos, aquele capaz de levar o aluno a constituir-se em locutor/escritor auto-suficiente que possa ser reconhecido, reconhecer-se e legitimar-se como produtor de conhecimento.

A investigação que desenvolvi pode, assim, fornecer esclarecimentos sobre os efeitos implicados na relação *processo versus produto* e suscitar outros trabalhos como, por exemplo, a constituição da autoria, a questão da heterogeneidade discursiva ou outras próprias a uma análise de ordem textual explícita tendo presente o estudo do *processo*. Embora questões como estas tenham aflorado na análise, e os textos fornecessem rico material, não foi este meu propósito, ou seja, aprofundar-me no estudo do produto.

A ênfase do estudo sobre o processo desvela os procedimentos empreendidos na dinâmica das interações professor-aluno(s) em sala de aula, projetando a análise do produto pela compreensão do processo que o fez originar. Da mesma forma, as ações do aluno são reveladoras do tipo de condução deste processo do qual foi participante.

Assim, em consonância com os objetivos aqui propostos, espero ainda, mediante este trabalho, que educadores e outros profissionais interessados na área encontrem nele subsídios para avançar nos estudos sobre produção de textos escritos, dimensionando o olhar do produto pela análise do processo efetivamente empreendido.

Neste sentido, importa que se levem em conta as condições de produção do conhecimento institucional de escritas textuais, recuperando neste meio a autonomia discursiva do aluno, para que este deixe de operar apenas a partir *do* e *com o* discurso do outro (professor; textos-modelo (únicos)) como é comum na tradição escolar – tendo como efeito dizer o que o outro deseja que diga, ali e pela vida afora, buscando sempre o tranqüilizador modelo.

Urge, pois, que o professor, na posição de poder que ocupa neste jogo relacional, opte por uma prática menos assimétrica, uma comunicação mais autêntica. Tal objetivo global, sem ser estranho no discurso da educação, passa muitas vezes, no entanto, como algo tão transparente/evidente que não cabe ser questionado (pelos executores em outros níveis, desde os técnicos até os professores que enfrentam o dia-a-dia com os alunos). E a prática acaba sendo outra. Com efeito, há uma diferença fundamental entre crer que o discurso do método – que se tem à mão para ser seguido – tem as qualidades necessárias para orientar a prática pedagógica, e ter tido a oportunidade de ouvir/apreciar domínios associados onde os rumores desdobram idéias e contam histórias de mudança.

É sempre bom desconfiar das evidências. Inclusive destas apresentadas aqui.

Bibliografia

ABAURRE-GNERRE, M. B. M. A. *et al.* (1985). "Leitura e escrita na vida e na escola". *Leitura: teoria & prática*, n. 6, São Paulo: Mercado Aberto, pp.15-26.
_____ (1986). "Introduzindo a questão dos aspectos lingüísticos da alfabetização". *Boletim ABRALIN*, n. 7, pp. 29-36.
BAKHTIN, M. (VOLOCHINOV) (1990). *Marxismo e filosofia da linguagem.* São Paulo: Hucitec.
BENVENISTE, E. (1966). *Problèmes de Linguistique Générale I.* Paris: Editions Gallimard.
_____ (1974). *Problèmes de Linguistique Générale II.* Paris: Editions Gallimard.
BITTENCOURT, M. F. (1983). *Alfabetização: uma aventura para a criança.* 2.ª ed. Florianópolis: EDEME.
BURIN, G. (1988). *Leitura e produção textual no primeiro grau.* Dissertação de Mestrado, Florianópolis: UFSC.
CARRAHER, T. N., REGO, L. L. B. (1984). "Desenvolvimento cognitivo e alfabetização". In: *Revista Brasileira de Estudos Pedagógicos* n. 65. Brasília, jan./abr., pp. 38-55.
CHARAUDEAU, P. (1983). *Langage et Discours.* Paris: Hachette.
_____ (1984). "Linguagem, Cultura e Formação". In: *Trabalhos em lingüística aplicada*, n. 3, Trad. Lígia Fonseca Ferreira. Campinas: UNICAMP/FUNCAMP, pp. 111-119.
CHAUÍ, M. D. S. (1980). "Ideologia e educação". In: *Educação & sociedade* - CEDES n. 5, Cortez Ed., Autores Associados.
CHOMSKY, N. (1980). *Estruturas sintáticas.* Lisboa: Edições 70.
CORACINI, M. J. R. F. (1991). "Análise do discurso: em busca de uma metodologia". *Revista DELTA*, v. 7, n. 1, São Paulo, fev.

_____ (1992). "Homogeneidade *versus* heterogeneidade num discurso pedagógico". *In*: PASCHOAL, M. S. Z. de e CELANI, M. A. A. (orgs.). *Lingüística aplicada: da aplicação da lingüística à lingüística transdisciplinar.* São Paulo: EDUC, pp. 53-79.
COSERIU, E. (1979). *Teoria da linguagem e lingüística geral.* Rio de Janeiro: Presença.
COUDRY, M. I. H e POSSENTI, S. (1983). "Avaliar Discursos Patológicos". *In*: *Cadernos de estudos lingüísticos*, n. 5, Campinas, pp. 99-109.
DAVIS, C., SOUSA E SILVA, M. A. S. e ESPÓSITO, Y. (1989). "Papel e valor das interações sociais em sala de aula". *In*: *Cadernos de pesquisa*, n. 71, São Paulo: Cortez Editora, nov., pp. 49-54.
DIETZSCH, M. J. (1989). "Escrita: na história, na vida, na escola". *In*: *Cadernos de pesquisa,* n. 71, São Paulo: Cortez Editora/Fundação Carlos Chagas, pp. 62-71.
_____ (1990). "Cartilhas: um mundo de personagens sem texto e sem história". *Cadernos de pesquisa*, n. 75, São Paulo: Fundação Carlos Chagas, pp. 35-44.
DUCROT, O. (1970). *Estruturalismo e lingüística.* São Paulo: Cultrix.
_____ (1987). *O dizer e o dito.* São Paulo: Pontes.
EHLICH, K. (1986). "Discurso escolar: diálogo?" *Cadernos de estudos lingüísticos*, n. 11, Campinas: UNICAMP/IEL, pp. 145-172.
FERREIRO, E. (1985). *Reflexões sobre alfabetização.* 2ª ed. São Paulo: Cortez.
_____ (1990). *Lengua oral y lengua escrita: aspectos de la aquisición de la representación escrita del lenguaje.* México. mimeo.
FERREIRO, E. e PALÁCIO, M. G. (coord.) (1989). *Os processos de leitura e escrita: novas perspectivas.* 2ª ed. Porto Alegre: Artes Médicas.
FERREIRO, E. e TEBEROSKY, A. (1988). *Psicogênese da língua escrita.* Porto Alegre: Artes Médicas.
FIAD, R. S. (1986). "Ensino da língua materna: gramática × leitura e redação?" *In*: *Leitura: teoria & prática*, n. 7, São Paulo: Mercado Aberto, pp. 21-24.
FONTANA, M. G. Z. (1991). "Signo ideológico *versus* interação comunicativa: o social e o ideológico nas teorias da linguagem". *In*: *Cadernos CEDES*, n. 24, São Paulo: Papirus, pp. 44-50.
FOUCAULT, M. (1971). *A arqueologia do saber.* Petrópolis: Vozes.
FRANCHI, E. P. (1983). "A Norma escolar e a linguagem da criança". *In*: *Educação & sociedade – CEDES*, n. 16, Cortez Ed., Autores Associados.
_____ (1989). *Pedagogia da alfabetização: da oralidade à escrita.* 2ª ed. São Paulo: Cortez.

GALLO, S. L. (1989). *O ensino da língua escrita x o ensino do discurso escrito*. Dissertação de Mestrado, São Paulo: UNICAMP.
GALVES, C. K., ORLANDI, E. P. e OTONI, P. (org.) (1988). *O texto: escrita e leitura*. São Paulo: Pontes.
GARCIA, W. E. (1977). *Educação: visão teórica e prática pedagógica*. São Paulo: McGraw-Hill do Brasil.
GEEMPA (1987). *Grupo de estudos sobre educação – metodologia de pesquisa e ação*. Esther P. Grossi, Carmem M. Craidy e Norma Marzola (coord.). Porto Alegre: Kuarup.
GERALDI, J. W. (org.) (1985). *O texto na sala de aula: leitura & produção*. Cascavel: Assoeste.
_____ (1989). "Educação e linguagem." *In*: *Leitura: teoria & prática*, v. 14, São Paulo: Mercado Aberto, pp. 37-39.
_____ (1991). *Portos de passagem*. São Paulo: Martins Fontes.
GNERRE, M. (1985). *Linguagem, escrita e poder*. São Paulo: Martins Fontes.
GÓES, M. C. (1991). "A natureza social do desenvolvimento psicológico." In: *Cadernos CEDES*, n. 24, São Paulo: Papirus.
GUIMARÃES, E. (1987). *Texto e argumentação*. Campinas: Pontes.
_____ (1989). "Enunciação e história." *In*: ___ (Org.). *História e sentido na linguagem*. Campinas: Pontes.
HENRY, P. (1990). "Os fundamentos teóricos da 'Análise automática do discurso' de Michel Pêcheux." *In*: GADET, F. e HACK, T. T. (orgs.). *Por uma análise automática do discurso: uma introdução à obra de Michel Pêcheux*. São Paulo: UNICAMP.
ILARI, R. (1985). *A lingüística e o ensino da língua portuguesa*. São Paulo: Martins Fontes.
KATO, M. A. (org.) (1988). *A concepção da escrita pela criança*. São Paulo: Pontes.
KIRST, M. H. B., CLEMENTE, E. (orgs.) (1987). *Lingüística aplicada ao ensino de português*. Porto Alegre: Mercado Aberto.
KLEIMAN, A. B. (1989a). *Texto e leitor: aspectos cognitivos da leitura*. São Paulo: Pontes.
_____ (1989b). *Leitura: ensino e pesquisa*. São Paulo: Pontes Editores.
_____ (1991) (org.). "Interações assimétricas." *Trabalhos em lingüística aplicada*, São Paulo: UNICAMP/IEL, n. 18, pp.1-155, jun./dez.
_____ (1992). "Cooperation and Control in Teaching: the evidence of classroom questions." *Revista DELTA*, São Paulo: EDUC, v. 8, n. 2, pp. 187-203.
KOCH, I. V. (1989). "Aspectos lingüísticos da coerência no texto escrito e oral." *Anais do IV Encontro Nacional da ANPOLL*, São Paulo.
KOCH, I. V. e TRAVAGLIA, L. C. (1990). *A coerência textual*. São Paulo: Ed. Contexto.

LEITE, L. B. (1991). "As dimensões interacionistas e construtivistas em Vigotski e Piaget". *Cadernos CEDES*, n. 24, São Paulo: Papirus Editora.

LEMOS, C. T. G. (1977). "Redação no vestibular: algumas estratégias". *Cadernos de pesquisa*, São Paulo: Fundação Carlos Chagas, n. 23, pp. 61-71.

_____ (1982). "Sobre a aquisição da linguagem e seu dilema (pecado) original". *Boletim da ABRALIN*, n. 3, pp. 97-126.

_____ (1986a). "Interacionismo e aquisição de linguagem". *Revista DELTA*, São Paulo: EDUC, v. 2, n. 2, pp. 231-248.

_____ (1991). "A função e o destino da palavra alheia: três momentos da reflexão de Bakhtin". *Anais do V Encontro Nacional da ANPOLL*. Porto Alegre.

_____ (1992). "Sobre o ensinar e o aprender no processo de aquisição da linguagem". *Cadernos de estudos lingüísticos*, Campinas: UNICAMP/IEL, n. 22, pp. 149-152.

LÜDKE, M. e ANDRÉ, M. E. D. A. (1986). *Pesquisa em educação: abordagens qualitativas.* São Paulo: EPU.

MAINGUENEAU, D. (1989). *Novas tendências em análise do discurso*. São Paulo: Pontes.

_____ (1992). "Le 'tour' ethnolinguistique de l'analyse du discours". *Langages*, n. 105, p. 114-125, mars.

MARCUSCHI, L. A. e KOCH, I. V. (1990). "Construção textual – interativa da fala". *IX Congresso Internacional da ALFAL*. Campinas (mimeo.).

MAYRINK-SABINSON, M. L. T. (1986). *Refletindo sobre a alfabetização em leitura: teoria e prática*, São Paulo: Mercado Aberto, n. 7, pp.15-20.

ORLANDI, E. P. (1984). "Segmentar ou recortar". *Lingüística: questões e controvérsias* – Série Estudos, n. 14, Uberaba (MG).

_____ (1987). *A linguagem e seu funcionamento: as formas do discurso.* 2ª ed. rev. e aum. São Paulo: Pontes.

_____ (1988). *Discurso e leitura.* São Paulo: Cortez Editora.

PÊCHEUX, M. (1988). *Semântica e discurso: uma crítica à afirmação do óbvio.* Trad. Eni Pulcinelli Orlandi *et al.* São Paulo: Ed. da UNICAMP.

_____ (1990). "Análise automática do discurso" (AAD-69). *In*: GADET, F. e HACK, T. *Por uma análise automática do discurso: uma introdução à obra de Michel Pêcheux.* São Paulo: Editora da UNICAMP, pp.61-161.

PÊCHEUX, M. e FUCHS, C. (1990). "A propósito da análise do discurso: atualização e perspectivas" (1975). *In*: GADET, F. e HACK, T. (org.)

Por uma análise automática do discurso: uma introdução à obra de Michel Pêcheux. Campinas: Editora da UNICAMP, pp. 163-252.

PERRONI, M. C. (1992). *Desenvolvimento do discurso narrativo*. São Paulo: Martins Fontes.

PEY, M. O. (1988). *A escola e o discurso pedagógico*. São Paulo: Cortez.

PINO, A. (1991). "O conceito de mediação semiótica em Vigotski e seu papel na explicação do psiquismo humano". *Cadernos CEDES*, São Paulo: Papirus Editora, n. 24.

POSSENTI, S. (1988). *Discurso, estilo e subjetividade*. São Paulo: Martins Fontes Editora Ltda.

_____ (1992). "Concepções de sujeito na linguagem". *Boletim da ABRALIN*, São Paulo, n. 13, pp. 13-30, dez.

PROPOSTA CURRICULAR: uma contribuição para a escola pública do pré-escolar, 1º. grau, 2º. grau e educação de adultos (1991) – Santa Catarina – Secretaria de Estado da Educação – Coordenadoria de ensino.

REGO, L. B. (1986). "A escrita de estórias por crianças: as implicações pedagógicas do uso de um registro lingüístico". *Revista DELTA*, São Paulo: EDUC, v. 2, n. 2, pp. 165-180, ago.

_____ (1988). "Descobrindo a língua escrita antes de aprender a ler: algumas implicações pedagógicas". *In*: KATO, M. A. (org.) *A concepção da escrita pela criança*. São Paulo: Pontes, pp. 105-134.

ROBIN, R. (1977). *História e lingüística*. São Paulo: Cultrix.

ROJO, R. H. R. (1990). "O desenvolvimento da narrativa escrita: como são os textos que as crianças escrevem?" *Revista DELTA*, São Paulo: EDUC, v. 6, n. 2, pp. 169-193, agosto.

SAUSSURE, F. de (1977). *Curso de lingüística geral*. São Paulo: Cultrix.

SILVA, A. (1989). *A relação entre fala e a segmentação na escrita espontânea de crianças da primeira série do primeiro grau*. São Paulo: UNICAMP. Dissertação de Mestrado.

SILVA, I. D. da (1972). *Exercícios estruturais do pré-livro "O barquinho amarelo": automatismo do vocábulo e das estruturas*. Belo Horizonte: Vigília.

_____ (1973). *"O barquinho amarelo": pré-livro*. 4ª ed. Belo Horizonte: Vigília.

_____ (1974). *Método de experiências criadoras: manual do pré-livro "O barquinho amarelo"*. 2ª ed. Belo Horizonte: Vigília.

SILVA, L. L. M. (1986). *A escolarização do leitor: a didática da destruição da leitura*. Porto Alegre: Mercado Aberto.

SILVA, L. L. M. et al. (1986). *O ensino da língua portuguesa no 1º grau*. São Paulo: ATUAL.

SMOLKA, A. L. B. (1988). *A criança na fase inicial da escrita: a alfabetização como processo discursivo.* São Paulo: Ed. da UNICAMP.

_____ (1991). "A prática discursiva na sala de aula: uma perspectiva teórica e um esboço de análise". *Cadernos CEDES*, São Paulo: Papirus Editora, n. 24.

SOARES, M. (1987). *Linguagem e escola: uma perspectiva social.* 4ª ed. São Paulo: Ed. Ática.

SOUZA E SILVA, M. A. S. e ESPINOSA, R. de C. M. (1990). "A leitura e a escrita numa abordagem interacionista: uma experiência em sala de aula". *Revista da ANDE*, n. 15, pp. 17-24.

TASCA, M. (org.) (1990). *Desenvolvendo a língua falada e escrita.* Porto Alegre: Sagra.

TASCA, M. e POERSCH, I. M. (coord.) (1986). *Suportes lingüísticos para a alfabetização.* Porto Alegre, Sagra.

TEBEROSKY, A. (1990). *Psicopedagogia da linguagem escrita.* 2ª ed. São Paulo: Ed. da UNICAMP.

TEBEROSKY, A. e CARDOSO, B. (1989). *Reflexões sobre o ensino da leitura e da escrita.* São Paulo: Trajetória Cultural.

VIGOTSKI, L. S. (1979). *Pensamento e linguagem.* Lisboa: Edições Antídoto.

_____ (1991). *A formação social da mente.* 4ª ed. São Paulo: Martins Fontes.

VIGOTSKI, L. S. et al. (1991). *Linguagem, desenvolvimento e aprendizagem.* 3ª ed. São Paulo: Ícone Editora.

VOGT, C. (1980). *Linguagem, pragmática e ideologia.* São Paulo: Hucitec.

WEISZ, T. (1987). *E na prática a teoria é outra? Isto se aprende com o ciclo básico.* São Paulo: Secretaria da Educação/CENP, pp. 39-47.

_____ (1988). "As contribuições da psicogênese da língua escrita e algumas reflexões sobre a prática educativa de alfabetização". *Ciclo básico em jornada única: uma nova concepção de trabalho pedagógico.* São Paulo: Secretaria da Educação/CENP, pp. 39-46.

IMPRESSÃO E ACABAMENTO

YANGRAF
GRÁFICA E EDITORA LTDA.
TEL/FAX.: (011) 218-1788
RUA: COM. GIL PINHEIRO 137